Los Watergates Latinos

Fernando Cárdenas
Jorge González

LOS WATERGATES LATINOS

EDICIONES B
GRUPO ZETA

Barcelona • Bogotá • Buenos Aires • Caracas • Madrid • México
Montevideo • Santiago de Chile

1ª edición: Abril 2006
© Fernando Cárdenas, 2006
   Jorge González, 2006
© Ediciones B Colombia S. A., 2006
Cra 53 A Nº 81 – 77 Bogotá D. C. (Colombia)
www.edicionesb.com.co

ISBN: 958-97773-4-1
Depósito legal: Hecho
Impreso por: Quebecor World

Índice general

Prólogo

Pocos imaginaron hace 34 años que unos fontaneros, sorprendidos mientras husmeaban en el cuartel de la oposición, serían la primera pieza del dominó que terminaría tumbando al hombre más poderoso del mundo. Esa pista marcó el inicio de una investigación que llevó a dos reporteros de *The Washington Post* a descubrir el mayor escándalo político en la historia de Estados Unidos.

Además de sus históricas consecuencias internas, Watergate ocasionó un terremoto en las salas de redacción del mundo entero. Woodward y Bernstein le dieron sentido integral a la expresión "responsabilidad social" de la prensa. Un principio que los poderosos invocan con frecuencia para llamar a los periodistas al silencio.

A nombre de esa malentendida responsabilidad, algunas veces, se ocultan o se soslayan los hechos. Lo que conviene al gobierno de turno se confunde con los intereses supremos del Estado. El periodismo a nombre de la patria se sienta en la mesa de los poderosos —o se arrodilla ante ella— y el público queda condenado a la desinformación y a la ignorancia.

Esa connivencia es tierra fértil para la corrupción y el crimen. Por eso, el periodismo en general —y muy especialmente el periodismo de investigación— debe ser un contrapoder. Esa es su maravillosa esencia. Tiene que desconfiar de la verdad oficial y darla por falsa mientras no se demuestre lo contrario.

El saludable ejemplo de *The Washington Post* logró —por unos buenos años— que la prensa libre recuperara su función fiscalizadora. Los equipos de investigación florecieron. Muchos dueños de medios entendieron que debían invertir dinero y tiempo para desentrañar la corrupción.

Ese es el periodismo más útil para la democracia. Sin ese indeclinable compromiso con el gobernado — con el ciudadano común— el medio termina convertido en vehículo de propaganda de los poderosos.

El presente libro, *Los Watergates latinos,* es una apasionante reconstrucción de las investigaciones periodísticas que pusieron en jaque a siete presidentes. Siete jefes de Estado descubiertos en sus delitos e indelicadezas.

Jorge González y Fernando Cárdenas recuperan las historias detrás de la historia. Son crónicas brillantes que pueden leerse como capítulos de una buena novela policíaca. Retratan las angustias de los reporteros, la incesante cacería de las pistas, el seguimiento de indicios que a veces no llevan a ninguna parte, las maniobras de ocultamiento, el acecho del poder, las presiones que se ciernen sobre los medios y, finalmente, la luz de la publicación y sus resultados.

Gracias a estos trabajos quedaron al descubierto los pies de barro de hombres que en su momento ocuparon el pináculo de la popularidad. Sus abusos como gobernantes llevaron a algunos de ellos de los palacios a las cárceles. Otros, hábilmente, se jugaron sus restos a la impunidad judicial, pero no pudieron eludir el veredicto implacable de la opinión ciudadana.

Estas investigaciones son un gran aliciente para que cada periodista cumpla con su labor, pero, sobre todo, son buenas píldoras para la memoria latinoamericana.

Si recordáramos más a menudo, tal vez el pasado no volvería a gobernarnos disfrazado de futuro.

Daniel Coronell
Stanford, California 9 de marzo de 2006

PERÚ

Nombre: Alberto Kenya Fujimori Fujimori

Fecha de nacimiento: 28 de julio de 1938 en Lima.

Profesión: Ingeniero agrónomo de la Universidad Nacional Agraria de la Molina, con posgrados en las universidades de Wisconsin y Estrasburgo.

Período de gobierno: 1990-2000 (dos mandatos).

Acusación: En noviembre de 2000 fue destituido por el Congreso luego de huir del país y de buscar refugio en Japón. Quedó vinculado a más de veinte expedientes por delitos de enriquecimiento ilícito y malversación de fondos.

Situación actual: Se encuentra detenido en Chile con fines de extradición al Perú.

El espectro del "Plan Octavio"

Al atardecer del 14 de septiembre de 2000, las pocas personas que transitaban por el distrito de Chorrillos podían divisar las densas columnas de humo que se desprendían de las chimeneas y buitrones del cuartel del Servicio de Inteligencia Nacional (SIN), sede del poderoso asesor presidencial Vladimiro Montesinos. En ese momento, Lima lucía semidesierta por obra de una transmisión de televisión que captaba tanta o más atención que la final de un mundial de fútbol. El *Canal N*, única señal de cable por suscripción en la época, llevaba en directo desde el hotel Bolívar la rueda de prensa en la que el partido opositor Frente Independiente Moralizador (FIM) se disponía a divulgar un video que mostraba a Montesinos entregándole quince mil dólares al congresista electo Alberto Khouri a cambio de que se uniera a la bancada de apoyo al Gobierno. Se trataba de una prueba fulminante que apenas ocho semanas después, sumada al destape de otros hechos de corrupción, conduciría a la caída del entonces presidente Alberto Fujimori.

El canal era propiedad de una corporación en la que se unían intereses de los diarios *El Comercio y La Repú-*

3

blica, de distintos matices ideológicos, pero totalmente afines en el campo de los negocios. *El Comercio*, conservador inicialmente en su relación con el gobierno, fue dando un viraje cuando su unidad de investigación descubrió maniobras oficiales ilegales encaminadas a conseguir una segunda reelección presidencial, entre ellas la falsificación masiva de firmas para la constitución de un nuevo partido fujimorista.

La República, más a tono desde el comienzo con las corrientes de oposición, fiscalizó especialmente las compras militares y, en abierto desafío a las normas fujimoristas que le dieron rango de secreto de Estado a toda la contratación pública, destapó favoritismos en las concesiones de los contratos y soportó sin sobresaltos las frecuentes amenazas de retiro de la pauta oficial. En el terreno de la visión estratégica de los negocios, los dueños de ambos rotativos estuvieron de acuerdo en que fuese *Canal N* el medio elegido para transmitir la más impresionante chiva periodística de la vida política de Perú: una señal de televisión que llevase en vivo y en directo los acontecimientos de esa rueda de prensa difícilmente podría ser superada por los periódicos. Ya ellos se encargarían de nutrir sus rotativas con los detalles desconocidos de semejante noticia. Y en caso de algún tropiezo en la transmisión, siempre posible en el gobierno de Fujimori, estarían prestos a ayudar a sacar la información a costa de lo que fuera necesario.

Gilberto Hume, entonces director del canal, recibió a la hora de la transmisión una llamada de su hermana:

—Oye, ¿qué estás poniendo, que la gente corre como loca a los televisores? —le preguntó ella.

—Compruébalo tú misma, porque por esta vía no te puedo dar detalles —le respondió.

4

Hume sabía desde el mediodía que habría algo muy grande en la prevista rueda de prensa, pero tuvo que delegar parte del manejo de la transmisión porque se hallaba en un juzgado electoral respondiendo a una demanda del Gobierno por haber difundido una encuesta que daba a Alejandro Toledo como virtual sucesor de Fujimori en la Presidencia de la República. Estaba enterado, además, de que todos los teléfonos de los protagonistas estaban intervenidos y bloqueados y que el medio no era seguro ni siquiera para hacerle un simple comentario a su hermana.

Durante esa tarde, la preparación del cubrimiento fue cosa de locos. *Canal N* temía que el Gobierno bloqueara la transmisión y, en previsión de posibles sabotajes, hizo arreglos con la cadena estadounidense *CNN*, con la colombiana *RCN* y con *TVN* de Chile para que pudieran recoger su señal en una frecuencia emergente. Una vez transmitido, el video fue repetido en Perú cada hora durante casi dos días, y en medio de la conmoción general proliferaron los suscriptores de última hora. Hubo casos de parroquias remotas en las que los curas hicieron colectas para comprar el servicio, y en las plazas de los pueblos proyectaron el video sobre grandes sábanas, usadas como pantallas gigantes.

Abatido por la difusión de la evidencia y aterrado con la posibilidad de que aquel no fuera el único "vladivideo" que conociera la opinión (eventualidad que no pudo evitar), Montesinos dio la orden de quemar sus archivos secretos. Entre los testigos de su instrucción se encontraba 'El Vate', un ex oficial del Ejército peruano, que en aquella época oficiaba de agregado al cuerpo de asistentes del asesor presidencial.

Hasta ese momento sólo círculos cerrados conocían en Lima que 'El Doc' —como también se le decía a Montesinos— tenía un enorme archivo de grabaciones y filmaciones de sus contactos con todas aquellas personas que le pedían o le recibían dinero a cambio de favores poco ortodoxos. El fuego consumió gran parte de los videos y documentos y eso explicó las columnas de humo que se desprendían por las chimeneas del SIN aquel septiembre, negro para él.

'El Vate' se ha refugiado desde entonces en su seudónimo para proteger su anonimato. Lo escogió, según dice, para honrar con nostalgia su costumbre de declamar ante sus soldados algunos de sus poemas inéditos, al cabo de los largos patrullajes por las serranías durante la época de la guerra contra Sendero Luminoso. En marzo de 2005, este hombre decidió salir unas horas de los recintos de su vida apacible en el retiro para atender nuestra cita en un café de Miraflores, en Lima. Allí dejó de lado su renuencia a aportar para la investigación de este libro, previa autenticación notarial de unos papeles clave que él mismo se encargó de salvar de la hoguera dispuesta por Montesinos.

Se trata de un documento con mote secreto de "Plan Octavio". Es la descripción, en veinte folios, de un plan que definió las fases de una estrategia para seguir y neutralizar las actividades profesionales de veinte periodistas de los medios de comunicación más reputados del país. En sus páginas, marcadas con la referencia N / I032 JUN96 6C.02.37, se recalcó que era necesario poner en tela de juicio sus investigaciones, desacreditarlos ante la opinión pública y apelar a vías de hecho, en caso de fracaso de algunas de sus etapas. Cada folio estaba remarcado con un sello transversal que ordenaba "incinerar luego de explotar" (para no dejar vestigios sobre el documento). Allí fueron esbozados planes que se cumplieron, en efecto, como la expropiación del canal *Frecuencia Latina*, cuyo dueño, el empresario de origen israelí Baruch

Ivcher, fue despojado de su nacionalidad peruana y debió irse durante algún tiempo al exilio en Estados Unidos para evitar un juicio por traición a la patria que podría haberle significado su ejecución.

El Plan Octavio fue iniciativa conjunta del Servicio de Inteligencia Nacional (SIN), que seguía las órdenes de Montesinos, y del Servicio de Inteligencia del Ejército (SIE). Su dirección fue confiada a un oficial, cuyo seudónimo de seguridad era 'Aramburu' y se le asignó la prioridad "A-A-1", la más alta dentro de las misiones secretas. Para su ejecución fueron reclutados oficiales, suboficiales y técnicos, escogidos entre los más destacados hombres de las unidades de inteligencia. 'Aramburu' dispuso que todos ellos fueran sometidos a exigentes exámenes sicológicos y a la prueba de detector de mentiras para evitar posibles infidencias.

La tarea prioritaria del contingente a cargo de "Octavio" era identificar a las fuentes militares y civiles que proveían información a periodistas considerados entonces enemigos del Gobierno y detractores de las Fuerzas Armadas. Cuando el Plan fue concebido, el programa de televisión *Contrapunto* —el de mayor sintonía en el canal *Frecuencia Latina*— acababa de revelar conversaciones de altos oficiales del Ejército con jefes del narcotráfico, sostenidas a través de frecuencias de radiocomunicación militar. Todas ellas revelaban con crudeza la existencia de un mercado de corrupción, que incluía alquiler de helicópteros castrenses para el transporte de cocaína, venta de armamento a las mafias y cobro de comisiones por el uso de pistas autorizadas o clandestinas en la Amazonía peruana. Periódicos y revistas independientes cuestionaban por esos días los viejos nexos entre Montesinos y Demetrio Chávez Peñaherrera, jefe del cartel peruano de las drogas, conocido popularmente como 'El Vaticano' y extraditado por aquel entonces desde Colombia.

Las órdenes impartidas a los hombres y mujeres del servicio de inteligencia del Ejército eran perentorias: "Seguir e identificar a los informantes civiles que, conjuntamente con el personal militar del Servicio Secreto, vienen obteniendo información de carácter confidencial, reservado, secreto y estrictamente secreto (…). Obtener pruebas fehacientes, fotos, filmaciones, grabaciones auditivas de personal militar identificado, para posteriormente delegarlos a la sección de detención e interrogatorio correspondiente".

Sus escabrosas previsiones apuntaban, además, a los contenidos de los reportajes de investigación e informes de denuncia contra actuaciones oficiales. El redactor del memorando relativo a esta parte del Plan se refirió siempre con displicencia a las "investigaciones" periodísticas y escribió la palabra así, entre comillas, o las llamó "seudo investigaciones". Al codificar las órdenes impartidas al respecto, escribió sin ambages que habían de poner en tela de juicio las "investigaciones que han sido propaladas en contra de la imagen de nuestras FF.AA." y desacreditar todo lo dicho por los periodistas ante la opinión pública, a partir del hecho de "minimizar las declaraciones y la confiabilidad de los documentos presentados".

Entre los objetivos de la campaña se advertía, de entrada, un alto componente de propaganda negra. No en vano los agentes reclutados recibieron instrucciones para escrutar las vidas privadas de los "objetivos", para husmear en sus cuentas bancarias y en sus relaciones comerciales, con la intención de encontrar "puntos vulnerables" que sirvieran de insumo al proyecto de desprestigiarlos.

Hasta entonces se habían hecho evidentes los seguimientos a Gustavo Gorriti, el primer periodista peruano que se ocupó de investigar los nexos de Montesinos con el narcotráfico, desde 1983, mucho antes de que se conociera a Fujimori y de que Montesinos se hiciera figura pública a expensas de su papel como asesor de su Gobierno. En esa época, Montesinos, ex oficial del Ejército peruano, trabajaba como abogado litigante y cobraba fama en círculos de la mafia por su efectividad en conseguir excarcelaciones de narcotraficantes. Semejante atrevimiento del periodista no iba a quedar impune. Gorriti fue detenido en abril de 1991, cuando Fujimori disolvió el Congreso, intervino las cortes de justicia y dejó clara su intención de convertirse en un poder omnímodo. Después, el periodista marchó a un accidentado exilio en Panamá; sin embargo no dejó de figurar en la lista de "objetivos" del Servicio de Inteligencia Nacional.

Cuando "Octavio" posó sus garras entre la prensa contra los periodistas críticos del Gobierno, al nombre de Gorriti fueron adicionados en las listas de "objetivos" de los servicios secretos el de Baruch Ivcher y los de diecinueve reporteros que descollaban en el campo de la investigación. Todos ellos habrían de convertirse en persistentes fiscalizadores de los actos de gobierno y en los gestores de los más relevantes hallazgos periodísticos en el ámbito de la corrupción. De esa galería de blancos del Plan Octavio hizo parte Ángel Páez, cabeza del equipo de investigación del diario *La República*, quien había destapado exorbitantes sobreprecios en la compra de aviones de combate y arsenales para las Fuerzas Armadas. También las periodistas Cecilia Valenzuela, quien había descubierto a los integrantes del Grupo Colina, escuadrón elite en la guerra sucia desatada por el establecimiento contra sus opositores, y Roxana Cuevas, la primera reportera que puso en evidencia el acelerado crecimiento patrimonial de Montesinos al divulgar la primera declaración de renta de este como servidor público.

A través del Comando General del Ejército, el plan fue dotado con un presupuesto para gastos reservados, tales como el pago de informantes y el establecimiento de recompensas para empleados bancarios y de empresas telefónicas que dieran acceso a información privilegiada sobre los periodistas. Una de las partidas especiales incluyó la compra de equipos de espionaje: cámaras filmadoras y micrograbadoras encubiertas, equipos de caracterización y fachada, escuchas electrónicas y miras telescópicas. Fue habilitado un apartado especial del correo militar para hacer fluir por allí la información obtenida progresivamente y adaptado en circuito telefónico especial, denominado "altavoz", para captar y archivar aquellas conversaciones que sus protagonistas consideraban inocentemente privadas.

Por todo esto, no era extraño que en vísperas de la divulgación de informes periodísticos comprometedores respecto de algún funcionario del Gobierno los encargados del Plan llamaran a los conmutadores del canal de televisión o del periódico respectivo para dejar oír fragmentos grabados de los consejos de redacción. Era una manera —desesperada para algunos y torpe para otros— de notificarles un mensaje: "Cuidado, los tenemos vigilados".

Varios de los veinte periodistas puestos en la mira son protagonistas de historias que constituyen la mejor excepción de la regla que parecía prevalecer en el Perú de entonces: la de una prensa sojuzgada por un establecimiento que pretendía ser todopoderoso.

La noche de los mastines

Estudiante de filosofía, cultivador de olivos en el norte de Arequipa, donde su padre dirigía proyectos de irrigación, y experto en judo, Gustavo Gorriti Ellenbogen decidió dejarlo todo para dedicarse a su verdadera pasión: el periodismo. Se presentó en las oficinas de la revista *Caretas,* cerca del ayuntamiento de Lima, respaldado por el hecho de haber sido colaborador esporádico con temas atemporales de ciencia y cultura.

A Enrique Zileri, director de la publicación y también amante de los deportes exigentes, le llamó la atención aquel hombre musculoso y atlético y pensó que sería el candidato ideal para cubrir, internado en las serranías de Los Andes, el hasta entonces incomprendido fenómeno de las guerrillas de Sendero Luminoso. A través de sus crónicas y reportajes, Gorriti probó que era posible interpretar el problema desde la perspectiva de los protagonistas y de las víctimas del conflicto, sin sesgos ni matrículas.

Demostró especiales destrezas para la investigación en 1983 cuando descubrió que Vladimiro Montesinos, a la sazón abogado de mafiosos —entre ellos el colombiano Evaristo Porras—, hacía cabildeo a su favor en altas instancias judiciales para arroparlos con la impunidad. En aquella época, Montesinos se vio obligado a huir del país, pero dos años después, al regresar, encontró nuevas investigaciones de *Caretas,* que descubrieron la venta de secretos militares por parte suya antes de ser expulsado del Ejército, donde había alcanzado el grado de capitán.

En 1990, con Fujimori y Montesinos ya en el poder, el periodista refrescó la memoria colectiva desde sus columnas. Supo que una de las primeras acciones encubiertas del asesor presidencial había sido mover sus fichas en la Fiscalía para sepultar la investigación penal por un caso conocido cono "Villacoca", que involucraba a varios miembros de las Fuerzas Armadas, asesorados en su momento por él.

La madrugada del 6 de abril de 1991, el periodista se convenció de que Montesinos no olvidaba. Pocas horas después de que Fujimori diera su famoso "autogolpe", mediante el cual disolvió el poder legislativo, la casa de Gorriti, en la urbanización Nueva Aurora, en Miraflores, estaba rodeada por agentes de seguridad. Eran las tres de la mañana y Gorriti acababa de enviar al periódico *El País* de España, del que era corresponsal, un artículo sobre lo ocurrido. Le advirtió al editor de turno que era posible que no pudiera comunicarse de nuevo porque su arresto parecía inminente.

Días antes, una fuente suya en el Gobierno le había prevenido al respecto. Gorriti tomó la precaución de ir a casa de Enrique Zileri, quien también estaba en riesgo, para coordinar un plan de contingencia en caso de que algo les ocurriera. "Pude haber escapado —recuerda—, pero cometí un error importante: pensé que el golpe iba a ser como los tradicionales en América Latina. Ese en el que viene el comandante y le dice a la víctima que tiene que irse del país, le presta unos dólares para hacerlo y hasta le permite llevar ropa limpia".

El timbre de la entrada le confirmó esa madrugada sus temores. Antes de responder, el corresponsal tomó la precaución de encerrar en el traspatio a sus perros, dos mastines furiosos.

—¿Quién es? —preguntó el periodista con voz impostada.

—Seguridad del Estado —le respondió alguien del otro lado del citófono.

Al asomarse a la ventana, se encontró con la mirada de un hombre que dominaba la pared exterior con una

AK-47. Otros dos, con traza de suboficiales —peluqueado al rape y bigotes— caminaban entre los arbustos del jardín. Salió y se encontró de frente con quien parecía estar a cargo de la operación.

—Señor Gorriti, venimos por usted. El jefe de seguridad del Estado quiere hablarle —le dijo el hombre, que se esforzaba por apelar a las buenas maneras.

—Bueno, pero yo no tengo nada qué hablar con él —respondió el periodista.

—En ese caso, tendremos que usar otros métodos —repuso aquel.

—No lo crea tan fácil. Y le recomiendo una cosa: no haga ningún movimiento particularmente brusco porque ahí dentro están encerrados mis perros y, por lo que usted está viendo, pueden romper la ventana —insistió Gorriti haciéndose oír a gritos, en medio de los furiosos ladridos.

—Si rompen la ventana, no tendremos ningún problema en matarlos. Piense que nosotros podemos ser más mastines que ellos —le advirtió el comandante.

En ese momento Esther, la esposa de Gorriti, se había levantado por cuenta del escándalo. Temerosa y disgustada, le dio un empujón a uno de los desconocidos que había alzado la computadora del periodista con la intención de llevársela. Éste se interpuso entre los dos y, procurando un tono sereno, les dijo a los responsables del allanamiento: "Seamos prácticos. Si tienen orden de matarme, háganlo de una vez".

El hombre a cargo le prometió que no iba a pasarle nada y lo hizo subir a una camioneta Cherokee, que resultó del mismo lote que la CIA, el organismo de inteligencia de Estados Unidos, le acababa de dar a Montesinos como parte de la ayuda para la lucha antinarcóticos. Al periodista se le heló la sangre, minutos después, cuando el vehículo entró al "Pentagonito", como se llama coloquialmente en el Perú a la sede del cuartel general del Ejército. "No he sabido de algún detenido que salga vivo de aquí", pensó.

Mientras conducía a Gorriti por un pasillo, el grupo se cruzó con un oficial que iba vestido de civil. "Doctor Gorriti, ¿qué hace usted aquí?", preguntó sorprendido el oficial. Gorriti lo reconoció de inmediato como uno de los asistentes a las conferencias que solía dictar en el Centro de Altos Estudios Militares y en otros sitios castrenses después de la publicación de sus libros sobre la guerra contra Sendero Luminoso. Antes de que el periodista contestara, el oficial le prometió rezar por él. "En lugar de eso, llame por favor a la agencia Efe e informe sobre lo sucedido," pidió Gorriti al oficial antes de perderlo de vista.

Aunque Montesinos insistía en que el periodista fuese acusado de terrorismo y puesto a órdenes de la Policía, las presiones de la prensa internacional y de funcionarios de la subsecretaría de Estado de Estados Unidos, de visita coincidencialmente en Lima, llevaron a la liberación de Gorriti al cabo de tres días. Para él resultó una providencial coincidencia que entre los visitantes estuviese un alto funcionario, compañero suyo durante una especialización en la Universidad de Harvard.

Superado el trance, Gorriti permaneció durante cinco meses en el país, entre presiones y acosos que recuerda como "delirantes". Tuvo que contratar un servicio de seguridad personal y sus ingresos a duras penas le alcanzaban para cubrir sus gastos. Las encuestas indicaban que la gente comenzaba a mirar a Fujimori con ojos mucho más favorables después del golpe, mientras los medios locales le daban la espalda a Gorriti y dejaron de publicar sus artículos. "Por favor, sigue escribiendo, pero cambia de temas. Hay cosas más amables", le decían los editores.

En ese momento recibió una oferta para ser profesor asociado en el centro Norte – Sur de la Universidad de Miami durante un año. No lo dudó. Las noticias sobre la captura de Abimael Guzmán, máximo jefe de Sendero Luminoso, el 12 de septiembre de 1992, lo convencieron de que Fujimori se aseguraría el poder durante cinco años más, por lo menos. Cumplido su ciclo en Miami, que se prolongó más de lo previsto, se fue a Panamá, en 1996, a asumir como director asociado del diario *La Prensa*. Allí lo picaría de nuevo el bicho del periodismo investigativo, cuyo "virus" lo sometería a nuevas persecuciones.

Al llegar a su nuevo destino, se encontró con que acababa de colapsar el Banco Agroindustrial y Comercial de Panamá, Banaico, entidad financiera cuya quiebra había dejado en la calle a miles de cuentahabientes panameños. El banco había sido fundado por Manuel Salvador Morales, un periodista español franquista, que salió de su país tras la muerte del "generalísimo" y que en Panamá se granjeó los afectos del PRD, el partido que llevó al poder al entonces presidente Ernesto Pérez Balladares.

Gorriti conformó un equipo para investigar lo ocurrido, bajo el enfoque de la defensa del consumidor, pues los clientes defraudados reclamaban sus derechos. No era otra su intención, pero por esos mismos días la agencia antidrogas de Estados Unidos, DEA, capturó al colombiano José Castrillón Henao. Marino hábil, Castrillón controlaba el puente marítimo Cali – México a través de empresas pesqueras de fachada, y era uno de los clientes favoritos del banco. *La Prensa* descubrió sus vínculos con Manuel Salvador Morales, con el frente empresarial del

PRD, y con Enrique Pretelt, yerno del presidente Pérez Balladares.

Las revelaciones periodísticas exacerbaron a Pérez, que revocó el permiso de permanencia de Gorriti. Según este, el Gobierno panameño entró en contacto con agentes de inteligencia peruana que querían asesinarle, y su posible deportación se convirtió en un objetivo para facilitarles las cosas. En medio de la batalla gremial por evitar su deportación, Gorriti —según su propio relato— consiguió prolongar su permanencia hasta el 2000. Ese año, el entonces candidato presidencial Alejandro Toledo, que acababa de perder la primera vuelta de su elección como consecuencia del fraude endilgado a Fujimori, le pidió regresar al Perú para que fuera su asesor de cara a la segunda vuelta electoral.

"Lo pensé mucho —recuerda— y llegué a la conclusión de que como periodista, en términos de investigar, desnudar y exponer, había hecho lo humanamente posible. Fue un momento en que las palabras ya no tenían mayor efecto frente a un sistema basado en la mentira, en la manipulación, como era este. Pedí licencia en *La Prensa* y acepté, con la condición de que me marginaría del periodismo".

Poco antes de que la divulgación del primer "vladivideo" hiriera de muerte al régimen de Fujimori, Gorriti regresó a Panamá. Allí estaba cuando Montesinos arribó al itsmo en busca de refugio la noche del 23 de septiembre de 2000. Un mes después, sus fuentes le reservaron el privilegio de enterarse, primero que sus colegas peruanos, que el otrora poderoso asesor de Fujimori abordaba una avioneta con la intención de regresar clandestinamente a Perú. Un agente de la DEA lo buscó para revelarle que el Gobierno panameño le había facilitado las cosas a Monstesinos para salir sigilosamente del país, antes de verse forzado, por una previsible presión internacional, a deportarlo. Gorriti logró transmitirlo en directo, por línea telefónica, en puente con el *Canal N*. A raíz del escándalo producido por la versión, Montesinos retrasó algunos días su ingreso a Lima y luego lo hizo de manera clandestina.

En 2005 Gorriti, recuperado para el oficio después de un breve receso, se desempeñaba como codirector del diario *La República* de Lima. Allí se disponía a revitalizar el periodismo de investigación y a promover un juicio crítico sobre la necesidad de recuperar los valores éticos extraviados cuando un amplio sector de los medios masivos de comunicación se vendió al que consideraba el mejor postor: el Gobierno de Alberto Fujimori.

Unos restos delatores

El "autogolpe" de 1992 puso en aprietos a Fujimori ante la comunidad internacional. Estados Unidos le suspendió la ayuda militar mientras la Unión Europea adoptó una especie de alerta naranja frente a su política sobre libertades públicas, y algunos países de América Latina suspendieron transitoriamente sus relaciones diplomáticas con Perú. Pero la captura de Abimael Guzmán, en septiembre siguiente, puso al Presidente en trance de héroe continental y sirvió de bálsamo a su maltrecha imagen. Sin embargo, una sensación creciente de resentimiento quedó latente en sectores de las Fuerzas Armadas: una bomba de inconformismo había sido activada. Algunos oficiales veían con malos ojos que un decreto de emergencia concentrara las decisiones en el campo de la inteligencia en el SIN, manejado a su antojo por Montesinos. También que este asesor se reservase el derecho de llamar a calificar servicios a coroneles y generales que no hacían parte de su círculo de confianza.

El 13 de noviembre, ese descontento se tradujo en una intentona golpista. El general retirado Jaime Salinas Sedó, quien había organizado una operación de comandos y células, quiso secuestrar a Fujimori para llevarlo a juicio. Un infiltrado en los comandos informó al Gobierno lo que podía ocurrir. Los responsables del complot fueron capturados en una sede clandestina mientras revisaban los últimos detalles de su acción, y el joven capitán que tenía el encargo de ingresar al dormitorio de Fujimori en la hora crucial debió sentirse ridículo cuando la guardia palaciega se rió de él mientras llegaba empuñando un revólver. Pese al fuero militar de la mayoría de ellos, los frustrados golpistas fueron enviados a la cárcel común de Canto Grande.

El episodio causó una escisión en el estamento castrense, que hasta entonces parecía encerrado en un impenetrable espíritu de cuerpo. Los pocos medios de comunicación que guardaban distancia frente al establecimiento vieron en aquello una oportunidad para hacerse a fuentes que les ayudarían a buscar algunos de los secretos mejor guardados por el régimen. Al fin y al cabo era más fácil acceder a los rebeldes en una cárcel común que en un fuerte militar. No se equivocaban.

La periodista Cecilia Valenzuela, que prefirió no graduarse de abogada y dedicarse de lleno a la comunicación, tenía ya un prestigio bien ganado por sus tareas como productora y asistente de la investigación del libro *Bajo el volcán te escribo,* de la mexicana Alma Guillermoprieto, cronista estrella de la revista *New Yorker,* y por sus trabajos al lado de John Simpson de la *BBC* de Londres y de Nicolas Shakespeare, escritor inglés, autor de dos novelas sobre la captura de Abimael Guzmán. A ella, que en ese momento trabajaba para la revista *Caretas*, los rebeldes le confirmaron la existencia del grupo Colina, que jugaba como alfil en el ajedrez de la guerra sucia, y la guiaron hacia el hallazgo de evidencias que mostraban que Montesinos y el general Nicolás de Bari Hermoza, jefe del Ejército, no sólo sabían de la existencia de ese escuadrón de la muerte, sino que lo usaban para sus propósitos.

A punta de persistencia, reflejada en visitas periódicas a la cárcel, Valenzuela consiguió que uno de los frustrados golpistas le indicara el camino de acceso a información clasificada sobre las operaciones del escuadrón Colina, conocidas casi de manera exclusiva por miembros del Estado Mayor. En esa búsqueda visitó, por sugerencia de su fuente y por iniciativa propia, a oficiales y suboficiales que habían sido relevados del servicio en medio de la purga que siguió a la intentona golpista. Uno de ellos, un mayor experto en el manejo de información compartimentada y especialista en criptografía, le consiguió copia de un plan operacional del escuadrón encubierto, y un sargento le dio copias de los folios de vida de los hombres que hacían parte de él.

Valenzuela —que más tarde aparecería en el Plan Octavio con el mote de 'La Flaca'— publicó en la portada de la revista las fotos de los miembros del Colina, dirigido por el mayor Enrique Martín Rivas, y con ello obligó prácticamente a su desactivación. El escuadrón resultaría responsable de la muerte de dieciséis personas durante un bazar, conocido como "pollada", en Barrios Altos, sector popular del centro de Lima, el 3 de noviembre de 1991, y de la desaparición y ejecución de un profesor y nueve estudiantes de la Universidad Enrique Guzmán y Valle, mejor conocida como La Cantuta, el 18 de julio de 1992.

El suboficial Jesús Sosa, miembro del escuadrón, le ofreció detalles sobre el *modus operandi* de la organización. Ella accedió a Sosa autorizada por la organización defensora de derechos humanos Human Rights Watch, para negociar en su nombre la posibilidad de un asilo para él, a cambio de toda la información. En una entrevista para este libro, Cecilia rechazó versiones de algunos de sus colegas según las cuales en este y en otros casos investigados por ella hubo de por medio ofertas de dinero. La opción del asilo no se concretó y el trabajo que, evidentemente, quedó inconcluso, fue recogido durante diez años por el periodista y escritor Ricardo Uceda, quien obtuvo de Sosa y de otras fuentes material para su revelador libro *Muerte en el Pentagonito; los cementerios secretos del Ejército peruano*.

Cuando Cecilia tuvo las fotos de los miembros del escuadrón Colina, el propio Sosa le confirmó la identidad de cada uno de ellos. A la periodista le quedó retumbando una frase pronunciada por Sosa mientras revisaban un álbum de fotografías: "Yo podré ser asesino, aunque maté en cumplimiento de mi misión, pero no soy ladrón ni mentiroso. Créame, por favor".

El Gobierno y los mandos militares de la época juzgaban que para la opinión pública una cosa era tener información sobre el Grupo Colina y otra muy distinta disponer de pruebas fehacientes sobre sus actividades. Quizá por eso negaron a pie juntillas que el Ejército estuviese relacionado con la muerte del profesor y de los estudiantes de La Cantuta. Las pruebas que permitirían apuntar el dedo acusador contra el Grupo Colina y sus auspiciadores tardaron casi un año en aparecer, pero aparecieron. Eso acaeció gracias, en buena medida, a una memorable pesquisa periodística desplegada por Edmundo Cruz, periodista de la revista *Sí*, conocido en los medios del periodismo peruano como uno de los más diestros investigadores. La historia de lo ocurrido está rodeada de elementos sobrecogedores.

Una madrugada de junio de 1993, un humilde recolector de basuras que dormía junto a sus corotos en un descampado próximo a la carretera Lima – Cienaguilla, en los extramuros de la ciudad, fue despertado por el ruido de motores y pasos atropellados. Inicialmente pensó que se trataba de policías que lo buscaban para saldar cuentas pendientes con la justicia, y se escondió. Desde su refugio vio que se trataba de hombres con herramientas y lámparas que comenzaron a cavar en un pequeño piedemonte y enterraron algunas cajas que él creyó contenían armas. Cuando los desconocidos se marcharon, el recolector removió una parte de la tierra y encontró, aterrado, una pelvis parcialmente calcinada. Como solía trabajar y dormir con la radio prendida, se le antojó que estos podrían ser los restos del profesor y de los estudiantes de La Cantuta, cuya desaparición había causado revuelo en los medios noticiosos.

Aunque durante un par de días no supo qué hacer, un amigo al que le confió el hallazgo lo sacó de dudas. Le propuso que le entregara los restos de la osamenta al congresista Roger Cáceres Velásquez, presidente de una comisión parlamentaria designada para investigar la suerte de los desaparecidos. Le dijo que había que aprovechar el hecho de que Cáceres era paisano y conocido suyo y que los iba a ayudar. Metieron el hueso en una bolsa, que acompañaron de un mapa artesanal, pero detallado, del lugar donde había estado sepultado. El congresista los atendió con la promesa de que haría valer el hallazgo.

Como los términos para rendir su informe vencían ya muy pronto, el congresista calculó riesgos. Vio que sería muy difícil verificar el hallazgo y establecer que los restos correspondían a los desaparecidos de La Cantuta.

Creyó que el Congreso, hecho a la medida de Fujimori, podría derrotar sus conclusiones y pensó que era mejor entregarle las posibles pruebas a un medio crítico e independiente. Buscó al periodista Edmundo Cruz. No se equivocaría.

Hombre cerebral, afecto en los tiempos de juventud a las causas de izquierda y estudiado en Moscú, donde conoció a algunos dirigentes guerrilleros latinoamericanos, entre ellos al colombiano Jaime Bateman Cayón, jefe del M-19 hasta su muerte en 1982, Edmundo Cruz, en charlas con los autores de este libro, recuerda lo que ocurrió entonces. El viernes 2 de julio, cuando el congresista le entregó la osamenta y el mapa, Cruz y su colega José Arrieta, quien lo acompañaría en sus pesquisas, se inclinaban inicialmente por publicar la evidencia. Estaban ansiosos, pues se encontraban a veinticuatro horas del cierre de la edición número 331. Sin embargo, Ricardo Uceda, director del semanario, logró calmar el ímpetu de los dos reporteros y convencerlos de que sería mejor ahondar en las verificaciones para no arriesgar el mayor activo del medio: su credibilidad. Juntos hicieron un cálculo de riesgos y probabilidades y las preguntas que surgían eran inquietantes. ¿Y si los restos no eran humanos? ¿Si la información era publicada sin pruebas adicionales, habría esperanza de que el Ministerio Público, plegado en ese momento a los intereses del Gobierno, impulsara una investigación seria y creíble? ¿Qué ocurriría si, aparecida la información, los fiscales se demoraran en llegar al sitio y los autores del crimen aprovecharan la oportunidad para encubrirlo? ¿Qué pasaría si el caso quedara en manos de la justicia penal militar?, ¿permitirían Fujimori y el comandante general del Ejército, Nicolás de Bari Hermoza, castigar a los responsables de la masacre después de haber sostenido que la institución militar era totalmente ajena a la desaparición de los estudiantes y el profesor?

Optaron entonces por darse tiempo para hacer algunas verificaciones. Los periodistas visitaron el sábado 3 el lugar señalado en el mapa y encontraron que allí, en efecto, había tierra removida. En la semana siguiente el equipo de investigación consultó con forenses, arqueólogos y otros especialistas para asegurarse de que se trataba de restos humanos. "Alguna vez estudié medicina y nunca fui nervioso ni repulsivo", recuerda Uceda al referir las vueltas que tuvo que dar con la osamenta en la mano.

Cuando obtuvieron mayores elementos de certeza, la revista tomó una decisión que consideraba osada, pero necesaria a la vez: asumiría por cuenta propia la tarea de excavar, aunque contaría con la ayuda de expertos. Pasadas las cinco de la mañana del jueves 8 de julio, cuando aún no clareaba el alba, tres periodistas y un chofer de la revista se metieron en un Volkswagen y fueron al lugar indicado en el mapa. Al llegar al kilómetro 14 de la carretera a Cienaguilla, se encontraron con el paraje donde estaba el basurero en el cual habían aparecido los restos. Avanzaron unos doscientos metros por un camino señalado por las llantas de los camiones recolectores y encontraron una posible señal amenazante: la cabeza de un león, hecha en material multicolor, que parecía clavada en medio del carreteable. Ese elemento extraño no había estado allí el sábado 3, día de la primera visita.

Los reporteros descendieron del vehículo y dieron un rodeo. El chofer apagó las luces y permaneció sentado al volante. Los periodistas tenían comunicación por radio con un compañero, al que habían dejado apostado junto a una quebrada desde la que se advertía fácilmente si otros vehículos transitaban por allí. Descartadas las señales de peligro, el grupo esperó a que saliera el Sol.

Una hora después se unió al equipo un segundo grupo compuesto por un patólogo, un estudiante de arqueología, un camarógrafo y un lampero, este último encargado de remover la tierra con un azadón. A las seis y cuarenta y cinco, con la llegada de Uceda al lugar, se oyó la orden de excavar. Al cabo de un cuarto de hora, apareció ante los ojos asombrados de todos lo que parecía ser un hueso quemado. Luego otro más, con un fragmento de cuero cabelludo. Los restos fueron dispuestos en una bolsa plástica.

El periodista Edmundo Cruz recuerda que la orden del director había sido clara: sólo se exploraría la supuesta fosa medio abierta por el recolector de basuras, y al primer indicio de restos se suspendería todo el acto para poner el hecho en conocimiento de la autoridad judicial. Cuando todos pensaban en suspender la excavación, el lampero palpó con su pala una superficie rugosa y decidió sacarla. Se adentró un poco más y dio con una caja de cartón. "Por los bordes de la caja —escribió el periodista en su relato para la revista *Sí*— asomaba tierra con ceniza y en el ambiente empezaba a percibirse un leve hedor. Un hueso quebrado, que los entendidos coincidieron en señalar como una inconfundible tibia humana, había desbordado la cubierta. 'Suficiente', se escuchó decir…".

Uceda cumplió sus propias previsiones. Previamente había hecho un listado de fiscales que podrían ser confiables a la hora de que la tarea iniciada por los periodistas debiera ser continuada por la justicia. Cuando la excavación se detuvo, llamó a la coordinadora nacional de Derechos Humanos, Rosa Mujica. Ella y dos abogados a su cargo se encargaron de promover la acción judicial que siguió. El más conocido de los fiscales que llegaron al lugar era Juan Coraje Herreros, especializado en casos de terrorismo. Los otros dos eran Cecilia Magallanes y

Víctor Cubas. Coraje y Cubas estuvieron sólo en parte de las diligencias y dejaron el resto a cargo de la fiscal que, según los periodistas internacionales que se presentaron en el sitio atraídos por la importancia del hallazgo, intentó en más de una ocasión suspender la búsqueda. Fueron los propios reporteros los que, en medio de gritos y protestas, la conminaron a continuar.

Aquel día, por coincidencia, se hallaba de visita en Lima Peter Archard, entonces director para América Latina de Amnistía Internacional. Archard, de nacionalidad inglesa, particularmente interesado en el caso de La Cantuta, se presentó en el basurero y dirigió parte de las mediciones y toma de fotografías técnicas, materias en las que resultó ser todo un experto. Con un bloque de apoyo gremial, parlamentario e internacional, los periodistas de *Sí* conseguirían llegar hasta las últimas consecuencias.

Mientras la justicia rodeaba sus actuaciones posteriores con un secreto que parecía infranqueable, los periodistas Edmundo Cruz y José Arrieta intensificaron su trabajo de campo en procura de llegar al fondo de la verdad. A horas insospechadas —dos o tres de la madrugada— tuvieron citas con miembros activos y retirados del Ejército, quienes les ofrecieron información sobre las operaciones a cubierta del Colina. La mayoría de los encuentros se produjeron fuera de Lima y en escenarios poco comunes, incluidos tabernas y prostíbulos. Allí sellaron con sus fuentes pactos de sigilo, que juraron respetar de por vida.

Al armar completo el rompecabezas del caso, los reporteros supieron que los cadáveres de los desaparecidos habían sido sepultados la misma noche de las ejecuciones en los terrenos de un campo de tiro cercano a la Universidad, pero que tiempo después habían sido desenterrados cuando altos mandos del Ejército y miembros del Grupo Colina, identificados a la postre por la prensa, temieron que nuevas filtraciones terminaran por revelarle al país su paradero. Por eso los llevaron al basurero de Cienaguilla.

César Lévano, entonces jefe de la redacción de *Sí*, y uno de los decanos del periodismo contemporáneo en el Perú, evoca el episodio como una hazaña. Cuenta que mientras Edmundo y José confirmaban sus dotes de investigadores, Uceda lidiaba a los leones del régimen. "Uno de ellos, la fiscal general Blanca Nélida Colán, pretendía enjuiciar a Ricardo por entorpecer la justicia", recuerda. Los congresistas de Fujimori trataban de desvirtuar el hallazgo y algunos no tenían empacho en insistir en que los estudiantes y el profesor se habían unido a la guerrilla. No faltó el que dijo que los restos correspondían a la época precolombina, ni el que trató de minimizar lo ocurrido con el argumento peregrino de que los estudiantes se habían labrado su destino al haber hecho parte de un comando terrorista que en julio de 1993 hizo explotar trágicamente un coche bomba en una calle residencial de Lima.

Las pruebas de ADN para confirmar la identidad de las víctimas fueron enviadas a Londres, de donde volvieron catorce meses después, en agosto de 1994. En el entretanto, la opinión peruana aceptó como prueba plena, si aún quedaban dudas, el hallazgo en una de las fosas de unas llaves que correspondían al armario de una de las víctimas. Por iniciativa conjunta de los medios de comunicación —actitud poco común en una época en la que incluso la prensa estaba polarizada— la diligencia judicial fue transmitida en directo por la televisión. Cuando la llave casó con el candado del armario de uno de los estudiantes desaparecidos, a la opinión no le quedó duda sobre la suerte corrida por él y por las demás víctimas.

Lo que vino fue un escándalo que se reflejó en las encuestas: Fujimori, que soñaba ya con su reelección y que había instalado un congreso constituyente para "recomponer el orden constitucional", bajó diez puntos en las escalas de favorabilidad, la caída más dramática hasta entonces. Incluso congresistas que estaban de su lado pidieron de dientes para afuera una investigación rigurosa en contra de la alta oficialidad y protección para los periodistas amenazados como consecuencia del descubrimiento. En una columna titulada "El derecho de cavar", Uceda escribió: "Fue alentador para nosotros que todos los sectores hayan pedido garantías para los periodistas de *Sí*. Independientemente de que la protección llegue o no, esta iniciativa espontánea —pues no fue pedida por los interesados— revela que grupos políticos a menudo irreconciliables reconocen las condiciones de riesgo e indefensión en que se desarrolla el periodismo de investigación en el país".

"Nunca podré sentir tanta satisfacción como en aquel verano de 2000, cuando escuché la sentencia contra los miembros del Grupo Colina, parada con mis demás colegas detrás de la barrera que nos habían impuesto en el cuartel Bolívar en Pueblo Libre", dice Cecilia Valenzuela, que entonces le hacía competencia a *Sí* desde *Caretas*. En el banquillo de los acusados vio a los sujetos que ella había identificado con sus fotos y sus nombres en la portada de la revista, antes incluso de que se probara la participación de todos ellos en ejecuciones extrajudiciales como la ocurrida con los miembros de la comunidad universitaria de La Cantuta.

Su sentimiento de satisfacción se combinaba con otro de alivio. Según ella, los periodistas sabían que esos mismos hombres eran los responsables de amenazas contra su vida y de seguimientos que pusieron a prueba sus nervios y su talante. Recuerda que por los días en que desveló a los miembros del destacamento Colina le llegaron notificaciones aterradoras de que alguien quería hacerle daño. En cierta ocasión, antes de entrar a un consejo de redacción, sus compañeros encontraron dentro de un ascensor un extraño sobre marcado con su nombre. Llamaron de inmediato al Grupo Diex de la Policía, el más caracterizado del servicio antiexplosivos.

Los expertos sacaron el sobre a la calle para hacerlo explotar de manera controlada en caso de que se tratara de una bomba. Sin embargo, al abrirlo encontraron una suerte de macumba: una cabeza con un pescuezo de pollo atado con una cinta negra y una fotografía de la periodista cubierta de sangre.

"Terminé por familiarizarme con las respiraciones agitadas que oía cada vez que levantaba la bocina del teléfono de mi casa y con las llamadas que llegaban al central de la revista para 'reportar' que acababan de dispararme y que estaba herida en cualquier hospital", rememora Valenzuela. También tuvo que acostumbrarse a los montajes que le hacían los diarios sensacionalistas, manejados por Montesinos y el publicista argentino Daniel Borobio, en los que la mostraban como una mujer de vida licenciosa. El espectro del Plan Octavio se abatía con furia sobre ella.

La carta del general suicida

El periodista Ángel Páez soportó con estoicismo los ataques de la prensa chicha, que por aquella época se vendía como pan fresco en los quioscos de las calles peruanas. Un día el vespertino *El Tío* lo llamaba "traidor a la patria" y le acusaba en un expediente hechizo de haber vendido información secreta a Ecuador, antes, durante y después de la guerra por el control de la cordillera de El Cóndor, en 1995. Al otro día 'El Chino', como también es conocido Alberto Fujimori, lo señalaba como miembro de un

28

reducto de Sendero Luminoso. No faltaba tampoco el rotativo sensacionalista que le fabricara historias sobre devaneos con las esposas de sus amigos o que quisiera mortificarlo con montajes fotográficos que lo mostraban como bebedor consuetudinario y visitante asiduo de casas de lenocinio.

En ocasiones, las pruebas o borradores de los artículos en su contra le llegaban por anticipado a su oficina en la Unidad Investigativa del periódico *La República*. Él y sus compañeros, que lo conocían bien, sabían que detrás de esa campaña estaba la mano siniestra del Servicio de Inteligencia Nacional, controlado por Montesinos. Curado de ataques, a Páez terminó por tenerle sin cuidado que algunos de quienes se decían sus amigos se alejaran de él convencidos de que algo de cierto debían tener aquellas historias.

En noviembre de 1997, cuando el hostigamiento creció, Páez acababa de llegar de México donde, por coincidencia, se había enterado de los procedimientos utilizados por el cartel de Tijuana para desprestigiar a periodistas, jueces o funcionarios que no aceptaban sus sobornos. Con la ayuda de un sector de la prensa popular, los padrinos de la mafia les hacían montajes para desacreditarlos de manera que después, cuando apareciesen muertos, la comunidad creyera que se lo tenían merecido. En su fuero interno, Páez temía que algo así se estuviera tejiendo en su caso.

La campaña de desprestigio rebasó las fronteras. Al diario *Clarín* de Buenos Aires, del cual Ángel era corresponsal en Lima, llegaron quejas en su contra revestidas de un halo artificial de seriedad. Incluso, los medios peruanos considerados serios acogieron en sus páginas y espacios avisos pagos que hacían eco a esa maledicencia. La situación se tornó tan grave en julio de 1998 que el Instituto Prensa y Sociedad, Ipys, dirigido por el periodista y escritor Ricardo Uceda, invitó de urgencia a una comisión mixta del Comité de Protección de Periodistas de Nueva York, de Reporteros sin Fronteras y de otras organizaciones caracterizadas como defensoras de la libertad de información para que intervinieran ante el Gobierno de Fujimori en busca de una solución.

Fujimori se comprometió a brindarle una protección especial al periodista —protección que nunca llegó y que él, según lo afirma hoy, jamás hubiese aceptado—, pero intentó convencer a los emisarios de buena voluntad de que Páez era, en todo caso, un aliado incondicional de empresas fabricantes de armas que conspiraban contra los intereses del país por el despecho que les producía haber quedado fuera de los procesos de contratación. En verdad, el "pecado" del reportero de investigación había sido hurgar en los procesos de compra de aviones de guerra para la Fuerza Aérea peruana hasta descubrir el pago de comisiones a manos llenas, sobreprecios, y la inutilidad de equipos presentados como si fueran de última generación.

Sus informes, sustentados en pruebas sólidas, consiguieron a menudo un espacio privilegiado en la primera página de *La República*. En ellos cuestionó la compra de treinta y seis aviones de combate MIG-29 y de veinticinco cazabombarderos Zukoi a Bielorrusia, el único caso por el cual el Congreso y la justicia peruanos producirían acusaciones en firme contra Fujimori después de su caída en noviembre de 2000. Pruebas técnicas demostraron que las naves no serían útiles en un conflicto de relativa intensidad, porque el vendedor no estaba en capacidad de proveer repuestos ni mantenimiento, pues no era el fabricante. Bielorrusia recibió los aviones como parte de la herencia que le correspondió tras la disolución de la Unión Soviética, pero el presidente ruso, Boris Yeltsin, le reservó a Moscú la capacidad de prestar la asistencia técnica indispensable. Con ello buscaba obligar a los compradores a ir directamente a su país y no a los segregados.

La adquisición de armamento en el período 1990-2000 fue la principal fuente de corrupción del régimen. Se estima que fueron alrededor de 3.000 millones los dólares gastados entonces por el Gobierno peruano bajo el pretexto de eventuales conflictos con el Ecuador o incluso con Chile —recuerda Páez—. Montesinos cobraba entre 30 y 40 por ciento por cada operación. Este tráfico resultaba más rentable que el de la cocaína. Él y Fujimori eran quienes decidían qué se compraba y a quiénes. No eran adquisiciones aconsejadas por circunstancias técnicas o estratégicas, sino por el apetito económico personal.

El alcance de sus denuncias tuvo eco en la administración de justicia. En marzo de 2002, el Tercer Juzgado Penal Especial, uno de los primeros despachos que procesó a Montesinos después de su reclusión en la Base Naval de la Marina de Guerra del Perú, encontró los hilos que se sumaban a una gruesa cuerda de pago de comisiones por la compra del material bélico. Halló evidencia de que, además del provecho personal obtenido por Montesinos, de las coimas se lucraron el propio ministro de Defensa de la época, César Saucedo Sánchez, y el general Claudio Martínez Gandolfo, miembro del Estado Mayor Conjunto. Comisiones hasta de un millón de dólares derivaron para ambos de la compra de aviones MIG-29 a la Federación Rusa, operación hecha por intermedio de la fábrica Rous Borougenia.

Cuando las investigaciones periodísticas arrojaban los mejores frutos, el Gobierno optó por extender la figura de "secreto de Estado" a cualquier tipo de compra de las Fuerzas Armadas, una de sus fórmulas para ahuyentar a los reporteros acuciosos. La otra era usar su control del Congreso para tipificar en la legislación penal el delito de traición a la patria, que sería cometido por quienes revelaran esos secretos. Entre los castigos consagrados estaban la cadena perpetua e, incluso, la pena capital.

Quizá todo esto estaba claro para Ricardo Newton, un intermediario para la compra de armas enviado por Montesinos a Bielorrusia para seleccionar los aviones MIG-29. Newton denunció penalmente a Páez, y Montesinos se aseguró de que el caso quedara en manos del Consejo Supremo de Justicia Militar. En un memorial redactado a hurtadillas por asesores jurídicos del estamento castrense, aunque firmado por el comisionista, se hacía un análisis de un concurso de delitos imputables al periodista. "Amén de mi honra, el señor Páez pasa por encima de las garantías que resguardan los secretos militares y los secretos de Estado y ofrece a los enemigos del Perú información privilegiada que les serviría en sus propósitos protervos en caso de un conflicto armado", se leía en uno de sus apartes. Otro preguntaba esto: "¿Cómo debe nuestra justicia castigar a quien de tal manera traiciona a la patria? Lo lógico es pensar en la pena capital o en un confinamiento de por vida".

No era difícil presumir que no habría garantías en un eventual procesamiento. Por esa razón, el periodista se negó a atender sucesivas citaciones, mientras el abogado del diario se debatía enarbolando el derecho al sigilo profesional para proteger las fuentes de información, el noventa por ciento de las cuales hacían parte de las Fuerzas Armadas. Como el sigilo no estaba consagrado expresamente en la legislación peruana, el diario apeló a tratados públicos, entre ellos al Pacto de San José sobre derechos y libertades en el campo de la información. Una fuerte presión internacional, encabezada por la Sociedad Interamericana de Prensa y por organizaciones no gubernamentales europeas, convenció al Gobierno y a la justicia castrense de lo riesgoso que sería continuar con la causa.

Las talanqueras que cerraban el acceso a los "secretos de Estado" fueron removidas con la ayuda de oficiales indignados por la corrupción y preocupados por la baja moral institucional. Dos de ellos, ayudantes de comando de la Fuerza Aérea Peruana le contaron una tarde al periodista, con desazón, que veían rodar dinero de comisiones que engrosaban las cuentas de sus jefes, y se quejaron de que ellos, en condición de subalternos subyugados por el mal entendido principio de la obediencia debida, debían limitarse a callar.

—Cada día me resulta más difícil darle parte a mi general. No veo en él a una persona digna de respeto —le confió uno de los oficiales a Páez una noche en la que se citaron para tomar un par de tragos en una taberna próxima al aeropuerto Jorge Chávez de Lima.

—Quizá usted, capitán, no pueda hacer mucho por sí solo. Pero si trabajamos en equipo les podremos dañar el bazar de la corrupción a sus jefes. Para eso podemos contar, no me cabe duda, con el periódico.

—¿Me está pidiendo información? Si yo le cuento lo que sé corremos el riesgo de morir ambos. Allá adentro hay unos "patas" que están pendientes de lo que hablo y de los pasos que doy —le contestó el joven oficial, con un acento piurano.

—Cuénteme lo que pueda… o no me diga nada, pero ayúdeme a conseguir copias de los contratos de las compras militares. Regáleme, por ejemplo, una lista de proveedores. Yo me encargo del resto.

El oficial guardó silencio y se marchó casi sin despedirse. Durante el siguiente mes y medio no respondió llamadas y Páez tuvo la sensación de haber perdido la que podría ser una fuente ideal. Sin embargo, una noche el circunspecto oficial reapareció. Desde un teléfono público citó al periodista al mismo lugar, pero esta vez no se presentaría solo. Con él estaban otros dos oficiales y una secretaria digitadora del Comando, por cuyas manos pasaban la mayoría de documentos clasificados y reservados.

"Ellos aceptaron acompañarme, pero quieren tener la certeza de que si le colaboran con información usted jamás los va a mencionar ni públicamente ni en privado. Mejor dicho, usted tiene que hacer de cuenta que ellos no existen", le dijo el capitán a Páez, al presentarle a sus acompañantes.

Sus nuevas fuentes acordaron con el periodista que le harían llegar información poco a poco, pero le advirtieron que no era seguro que todas las veces tuvieran ocasión de entregársela personalmente. Le sugirieron sitios posteriores de encuentro, que en su mayoría serían chifas o restaurantes populares, a donde era poco probable que concurrieran funcionarios públicos. A seis de las once citas acudieron "correos humanos", mensajeros o soldados de civil que le ponían un sobre en la mesa y se marchaban tan rápidamente como aparecían, sin siquiera mirarlo a la cara.

Como lo suponía, la información era fragmentaria: el primer borrador de un contrato, un registro parcial de proponentes, estudios técnicos inconclusos. Las fuentes le enviaban la información, pero estaban poco dispuestas a explicarle personalmente aquellos temas que resultaron técnicos y complejos. El mérito del comunicador consistió en componer a partir de nombres y datos dispersos todo un expediente periodístico con nombres de intermediarios, protagonistas de conflictos de intereses y *lobistas* que buscaban sacar partido de las compras militares. Se convirtió en todo un logro conocer los nombres de empresas y de personas naturales que participaron en procesos de contratación y perdieron en las pocas licitaciones convocadas. Supo capitalizar la decepción que les produjo quedar por fuera de los negocios y, aunque con beneficio de inventario, recibió de ellos información específica sobre los volúmenes de los sobre costos y el flujo de las comisiones.

El destino le reservó una paradoja: el 8 de marzo de 2002, en la prisión militar del Callao, donde estaba confinado, Vladimiro Montesinos, el mismo que quiso llevar a Páez a un juicio militar y exterminarlo, no sólo terminó por confirmar lo publicado por el periodista, sino que suministró ante los funcionarios judiciales que lo interrogaron información que ataba algunos cabos sueltos que habían quedado en los artículos de Páez. Aunque eludió su responsabilidad personal en el cobro de las comisiones, dijo que él mismo, desde el SIN, había descubierto una serie de manejos nada ortodoxos en la compra de los equipos de guerra.

En el mismo tono doctoral reservado para sus presentaciones en público, Montesinos se permitió incluso hacer recomendaciones a los investigadores judiciales sobre la información que deberían acopiar:

El Juzgado deberá solicitar a la Fuerza Aérea del Perú toda la documentación del proceso de la compra de los aviones MIG-29, que se hizo por intermedio de la fábrica Rous Borougenia, y podrá apreciar quiénes son los miembros de la Fuerza Aérea que recibieron comisiones ilegales. Así mismo podrá comprobar que los inculpados, Sudit Waserman y N. Stone, a través

35

de una empresa israelita, efectuaron un mejoramiento de las cabinas de los aviones Sub22 adaptándolas a la tecnología moderna y que este proceso se hizo cuando era comandante general el teniente general Astete, a quienes Stone y Sudit le pagaron una fuerte comisión (…). En cuanto a la Marina de Guerra del Perú, igualmente se deberá solicitar al Comando de dicho instituto para que precise todas las adquisiciones que ha efectuado la Marina, así como los cursos que han llevado a cabo los instructores israelitas para entrenamiento del personal de la Fuerza de Operaciones Especiales bajo la dirección de Ilan Weil e Isaac Verolasky. Así mismo, deberá solicitar los contratos escritos por la Marina con estos encausados a fin de determinar igualmente el pago de comisiones y los actos de corrupción en que han incurrido los mismos. Es con el mérito de todos los contratos del Ejército, la Fuerza Aérea y de la Marina de Guerra y de la Policía Nacional, a través del Ministerio del Interior, lo que permitirá determinar cómo es que los inculpados burlaron los mecanismos de fiscalización simulando las ofertas y propuestas de distintas empresas que eran licitadas por los mismos con la finalidad de ganar las licitaciones *(sic)*.

Mucho antes de que sus denuncias tuvieran eco en la justicia, Ángel Páez, identificado en las páginas del Plan Octavio como 'El Caballero', descubrió con inquietud que algunas de esas fuentes habían sido detectadas por el servicio secreto. A su oficina llegaron videos que recogían sus reuniones con ellas en sitios que se suponían seguros y reservados. Durante dos noches consecutivas, corresponsales anónimos le enviaron a la recepción del diario copias de videos que lo mostraban departiendo con uno de los ayudantes de comando de la Fuerza Aérea, de cuyo destino no volvió a saber desde entonces.

Aún así, siguió visitando a los mandos de la Fuerza Aérea y a oficiales del Gobierno comprometidos en las irregularidades, en cumplimiento del deber ético que le imponía consultar su versión antes de publicar sus artículos. Cada vez oía nuevas mentiras y advertencias.

Las amenazas en su contra se personificaron días antes de la visita de la comisión internacional de prensa. El general del ejército Óscar Villanueva Vidal, jefe de adquisiciones del Ministerio del Interior, visitó sorpresivamente las oficinas del periódico en el 320 del jirón Camaná, en el centro de Lima. Quienes lo vieron llegar con su séquito de escoltas lo reconocieron de inmediato como el hombre al que la oposición llamaba "el cajero de Montesinos". El prestigio que se había ganado en los cuarteles como un efectivo oficial de corte prusiano contrastaba con la mala fama que luego se reflejó en los expedientes por malversación de fondos reservados. Secretarias y asistentes de la época recuerdan que Villanueva pidió hablar con el director Gustavo Mohme Llona. Según sus versiones el diálogo entre ellos se produjo en la antesala y duró no más de pocos segundos.

—Mi señor director, pese a todo lo que dice su periódico sobre el Gobierno, vengo en un plan amigable, naturalmente —le dijo el general a Mohme, que había abandonado una reunión en su despacho.

—Me parece muy bien. ¿Y en qué puedo servirle yo, general?

—Siento mi deber informarle, director, que sabemos de un plan para asesinar al señor Ángel Páez. Considero que como están las cosas sería mejor que ese señor se fuera de aquí… con lo cual ustedes se evitarían dolores de cabeza…

—General —le interrumpió Mohme—, yo le agradecería dos cosas: que me dijera, con nombres y detalles, quiénes están detrás de ese plan y que sobre el destino laboral del señor Páez nos permitiera decidir autónomamente a nosotros.

El general Villanueva se marchó de allí sin esperar el café que le habían ofrecido. Mohme llamó discretamente a Páez para decirle que, de todas maneras, considerara la posibilidad de salir por algún tiempo del país, caso en el cual el periódico lo respaldaría por completo. Páez declinó el ofrecimiento y siguió al frente de la Unidad Investigativa.

Una comisión del Congreso peruano que se ocupó del caso del pago de las comisiones ilegales por la compra de los aviones de guerra encontró a la postre méritos para promover un proceso por enriquecimiento ilícito contra el general Villanueva, autorizado por Montesinos para manejar parte de los recursos derivados de esos cobros ilegales. Las causas en su contra se movieron después de la renuncia del presidente Fujimori y de la ascensión al poder de su sucesor, Alejandro Toledo.

Villanueva apareció muerto en su casa de Lima el lunes 2 de septiembre de 2002. La versión oficial habló de suicidio, acaecido el día anterior, y en el acta de levantamiento del cadáver se leía: "El interfecto se dio un tiro en la boca". Sin embargo, el abogado Hernán de la Fuente nunca descartó la posibilidad de un homicidio y dijo que su cliente ya había encontrado el camino más expedito para una defensa que incluiría su colaboración con la administración de justicia. En el preámbulo de su muerte, el general fallecido se vio envuelto en un nuevo escándalo, suscitado por la revelación de unas grabaciones que lo vincularían con el aparente propósito de mover el pago de sobornos para impulsar la excarcelación de su ex jefe, Montesinos. Conversaciones telefónicas intervenidas lo relacionaron en ese propósito con César

Almeyda, entonces jefe del Consejo Nacional de Inteligencia, quien fue removido de su cargo. Almeyda le habría prometido a Villanueva que estaba en condición de conseguir que la administración de justicia redujera los castigos a Montesinos y le permitiera estar no más de dos años en prisión.

Tras la muerte del general, su viuda, Ruth Díaz Méndez, quedó bajo detención domiciliaria, acusada de haber hecho maniobras para ocultar el dinero de las comisiones. La señora de Villanueva se hizo famosa por sus agresiones a la investigadora del caso, la fiscal anticorrupción Massiel Peralta Rengifo.

Las propiedades de los Villanueva fueron registradas y, entre varios documentos, los investigadores encontraron copia de una carta que el oficial dirigió a un sobrino suyo, que llegó a coronel de la Policía. En uno de los apartes le decía: "Sobrino malagradecido, he hecho mal al preferirte. Quiero que me digas qué hiciste con todo ese dinero que te dimos para que pusieras a Páez de nuestro lado (…)". El hallazgo permitió comprobar algo que el periodista de *La República* ya sospechaba: que había algún oportunista que les sacaba dinero a Villanueva y a Montesinos bajo la promesa de que detendría la publicación de las denuncias de la Unidad Investigativa a través de gratificaciones, prebendas y atenciones a sus periodistas.

"Nunca conocí al tal sobrino del general y jamás acepté una invitación de alguien del Gobierno. Vaya uno a saber cuántos cobros hizo el coronel sobrino de Villanueva con el cuento de que se iría de bares conmigo", dice el periodista.

Como judío errante

La manipulación a la que fueron sometidos los medios por el Gobierno ha sido un pesado fardo en la conciencia del periodismo peruano. En una entrevista concedida para este libro, Ricardo Uceda explicó que Montesinos se adueñó principalmente de la televisión de señal abierta. Ese fue el punto medular de una estrategia que comenzó por el control de las Fuerzas Armadas y siguió con el sometimiento del poder legislativo.

Con los éxitos en la lucha contra la insurgencia, el bloque de apoyo popular se levantó como una muralla que en un primer momento sirvió para ocultar los desquiciamientos en el campo de las libertades públicas. El copamiento de los medios, básicamente a partir de la corrupción, comenzó en 1995. En beneficio de los periodistas de oficio, Uceda coincide con Gustavo Gorriti en que el régimen compró a dueños y a operadores de los medios, cuyo norte era exclusivamente mercantilista. Por eso altos ejecutivos de tales medios como José Francisco Crousillat, vicepresidente del *Canal 4* —el mismo que hizo popular el sensacionalista *Laura en América, talk show* de Laura Bozzo— aparecieron en los "vladivideos" recibiendo fuertes sumas con las que hipotecaron al establecimiento su capacidad de decisión editorial.

El juez que condenó a Crousillat obtuvo pruebas según las cuales un porcentaje no menor al quince por ciento de los pagos que Montesinos le hacía al empresario se utilizaba para cubrir los honorarios especiales de la Bozzo. Esa situación persistió hasta que el asesor presidencial entabló una relación sentimental con la presentadora y comenzó a obsequiarla, ya no sólo con dinero, sino con otro tipo de halagos. Entre las pruebas hay una que indica que en 1999 el general Villanueva le compró a Laura, por encargo de Montesinos, un collar con incrustaciones de diamantes por valor de veinte mil dólares.

"No obstante —aclaró Uceda— este hecho no excusa la docilidad notable de parte de periodistas, especialmente de la televisión, imputable a su falta de formación, de compromiso con la profesión".

En ese ambiente no era extraño que el Servicio de Inteligencia produjera seudo investigaciones, que eran presentadas en los programas dominicales de mayor sintonía.

En un punto intermedio podría situarse el caso de Baruch Ivcher, destacado miembro de la comunidad judía. Este hombre sufrió en 1997 la expropiación de su *Canal 2* y la pérdida de la nacionalidad peruana después de que su equipo de investigación, que producía un programa crítico llamado *Contrapunto*, reveló documentos secretos sobre el patrimonio de Montesinos y destapó sus nexos con el narcotráfico. Hombre corpulento, con un vozarrón que no oculta su acento hebreo, Ivcher habló con los autores de este libro en febrero de 2005 en el despacho de su ya recuperada estación televisiva. Desde el principio dejó ver su intención de liberarse del sambenito asumido como cierto en los medios peruanos, según el cual él se lanzó al ataque contra el Gobierno después de perder los contratos que las Fuerzas Armadas le adjudicaron a su fábrica de colchones Paraíso. Según él, la historia es esta:

En enero de 1997 Alberto Pandolfi, primer ministro de Fujimori, y el presidente del Congreso, Víctor Julio Ibáñez, llegaron a la oficina de Ivcher en *Frecuencia Latina*. El empresario los recibió sin antesalas, movido por la importancia de los recién llegados y la curiosidad que le despertó la visita, hecha sin mayores avisos previos.

—Señor Ivcher, apelo a su gentileza y comprensión para que entienda el motivo de nuestra presencia —comenzó diciendo el ministro Pandolfi, hombre reconocido por sus frecuentes intentos por aproximar el Gobierno a aquellos a los que Fujimori consideraba sus más duros críticos.

—Bien, ¿para qué sirve esta vez mi comprensión? —interrumpió Ivcher con cierta impaciencia.

—Sabemos —prosiguió Pandolfi— que el Estado no ha sido lo suficientemente solidario con usted después del atentado terrorista contra su canal. [El 5 de junio de 1992 el grupo Sendero Luminoso había hecho explotar un carro bomba frente a la estación de televisión]. La crisis fiscal ha limitado la generosidad y el sentido magnánimo que nuestro Gobierno ha mostrado frente a las víctimas del terrorismo…

Antes de que Ivcher, ya con evidente impaciencia, le pidiera precisar el motivo de la visita sin mayor retórica, intervino el congresista Ibáñez.

—Baruch, seamos prácticos —le dijo el dignatario del Congreso, entrado en confianza al calor de un vodka—. El Gobierno ha dispuesto para ti una partida de diecinueve millones de dólares, que seguramente te servirá para enjugar las deudas que te ha dejado la reconstrucción del canal y para atender algún apremio tributario.

—¿Sí? ¿Han creado el Gobierno y el Congreso algún subsidio legal para las víctimas del terrorismo? Si es así, ¿cuáles son los requisitos que un ciudadano como yo debe llenar para obtener tamaño beneficio? —preguntó Ivcher con un tono de sorna.

—¡No, no, ni más faltaba! Es ayuda que el Gobierno ofrece con liberalidad… —intervino de nuevo Pandolfi.

—¿Liberalidad sin contraprestación? —preguntó Ivcher.

—En realidad —respondió Pandolfi— los requisitos serían mínimos. El Gobierno haría el desembolso sin dilaciones y el canal nos permitiría hacer una revisión previa de los contenidos de *Contrapunto*...

El programa *Contrapunto*, al que se refería Pandolfi, era una entrevista dominical que se había puesto a la cabeza del *rating* merced a la calidad de sus reportajes de investigación. Antes de la visita de de Pandolfi e Ibáñez, *Contrapunto* había encendido los televisores con una serie de informes que comenzaron a poner al desnudo el marcado compromiso de funcionarios oficiales con las mafias del narcotráfico mundial. En mayo de 1996 documentó periodísticamente el hallazgo de un cargamento de cocaína en el avión presidencial y en agosto del mismo año difundió declaraciones del narcotraficante Demetrio Chávez Peñaherrera, 'El Vaticano', en las que el capo dijo haber pagado entre cincuenta y cien mil dólares mensuales a Montesinos a cambio de que le permitiera usar pistas en la región selvática de Perú para mover cocaína. En el fondo, Ivcher sentía que el Gobierno se había demorado en reaccionar.

—¿Ustedes me está diciendo que yo debo hipotecar *Contrapunto?* ¡Me están comprando! —exclamó Ivcher, poniéndose de pie.

—No —terció Ibáñez—. Te estamos invitando a buscar un arreglo favorable para todos y para la democracia. El Perú ya ha tenido suficientes motivos de inestabilidad... y no deberíamos seguir obrando con intenciones incendiarias.

—¡Se largan! —gritó Ivcher, con su mano derecha en alto y el índice señalando la salida. Eva, su secretaria, y los vigilantes asignados al piso de la presidencia del canal acudieron atraídos por el fuerte golpe que su jefe había descargado sobre la mesa de la sala de recibo.

El Primer Ministro y el Presidente del congreso no insistieron y algunos amigos personales de Montesinos, que solían llamar al canal para quejarse después de cada informe, también se perdieron desde ese día. "Mal augurio", pensó en su momento Ivcher, anticipándose a la tempestad que sobrevendría. Uno de los amigos de Montesinos que solía llamarle era Alberto Venero, encarcelado posteriormente bajo cargos por testaferrato. Inquieto por las denuncias sobre los nexos del Gobierno con los narcos, Venero le decía al dueño de *Frecuencia Latina* que su tío —así se referían sus fichas al poderoso asesor presidencial— estaba muy molesto porque el canal lo estaba poniendo al mismo nivel de los mafiosos.

Hasta entonces, el canal había tenido una "etapa muerta", de 1992 a 1995, en la que sus contenidos periodísticos eran percibidos por la opinión como favorables al Gobierno y proclives a buscar la caída de dirigentes de oposición. De acuerdo con el relato de Ivcher, eso se debió a que durante ese lapso él se desentendió de la parte editorial y la confió a periodistas que resultaron vendiéndose al Servicio de Inteligencia Nacional (SIN). El empresario judío recuerda que uno de los casos más preocupantes para él fue el del periodista Luis Vargas Gómez, quien llegó a convertirse en un editor de contenidos completamente autónomo y a la postre resultó ser un infiltrado dentro del canal cuando entró en vigor el secreto Plan Octavio.

Las visitas frecuentes del periodista Vargas Gómez al SIN y su figuración en una nómina de los servicios de inteligencia fue comprobada con los documentos que se salvaron de la quema ordenada por Montesinos en su cuartel del distrito de Chorrillos. Los mismos documentos, transferidos a una Comisión de la Verdad, que buscaba centralizar las investigaciones sobre corrupción oficial, comprometieron también a Julián Cortés, jefe de redacción del canal. Según los expedientes, los dos periodistas recibían pagos a cambio de sus ataques contra sectores de la oposición.

Después de la visita del ministro y del congresista, el canal recompuso su equipo de investigación con reporteros de primera línea dirigidos por José Arrieta, el mismo que había participado con Ricardo Uceda y Edmundo Cruz en la investigación sobre los desaparecidos de La Cantuta. Eran reporteros que habían salido de otros medios, la mayoría por persecuciones instigadas desde el Gobierno. Entre ellos estaba Roxana Cuevas, que en abril de 1997 recuperó del olvido una copia de la declaración de renta de Montesinos y, tras descifrarla, demostró que tenía ingresos cercanos a los dos millones de dólares, pese a que nominalmente tenía un cargo de simple asesor.

La mañana del 15 de abril de ese año, el periodista Luis Iberico —que después dejaría el oficio para lanzarse al Congreso— buscó alarmado a Ivcher para contarle que Roxana había conseguido el explosivo documento, y que al verificarlo con sus fuentes de la Superintendencia de Asuntos Tributarios (Sunat), no quedaban dudas sobre su autenticidad. Ivcher hizo llamar a la periodista a su oficina para acordar con ella el manejo que se le daría a la situación.

—Si quieres decirlo, ¿cómo conseguiste este documento? —preguntó Ivcher a la periodista.

—Luis [Iberico] y yo —explicó ella— oímos comentar en la redacción que el documento le había llegado a Julián Cortés pocos días antes de su despido. Decidimos entonces revisar todo lo que quedó en el "congelador" de la Unidad Investigativa. No dimos en principio con él, pero al final lo encontré tirado detrás del escritorio de Julián. Acabo de venir de la Sunat, y un supervisor, con quien hablé en secreto, me dijo que, a juzgar por el número de radicación, es fiel copia de la declaración de Montesinos.

—¡Eva, llama a Santiago Fujimori y a Sandro Fuentes! Diles que vengan cuanto antes —ordenó Ivcher a su secretaria.

Santiago Fujimori, aunque hermano del Presidente, era un viejo amigo del canal y un hombre que no ocultaba el disgusto que le producían algunos actos del Gobierno de su hermano, relacionados con malos manejos. Fuentes, abogado tributarista, había sido jefe de la Sunat y por entonces se desempeñaba como una especie de asesor externo para el canal.

—Santiago, ¿qué harías tú en mi lugar con este documento? —consultó Ivcher a Fujimori, después del prolongado silencio durante el cual todos examinaron la copia.

—Yo lo publicaría y asumiría las consecuencias —respondió este, sin dudarlo.

Sandro Fuentes asintió y anunció que prepararía un memorando para anticipar una estrategia de defensa judicial, si fuera preciso aplicarla.

Con el "destape" del medio de comunicación se desató una nueva cadena de hostigamientos. Los soldados que cuidaban sus instalaciones después del atentado con explosivos fueron retirados y helicópteros militares sobrevolaban a baja altura las instalaciones de la fábrica Paraíso, con el propósito de amedrentar a sus dueños y trabajadores y ahuyentar a los clientes.

La periodista Roxana Cuevas veía desde su apartamento en el cuarto piso de un edificio en Miraflores cómo técnicos de televisión por cable se acercaban dos o tres veces por semana a los postes de la conexión telefónica. Presintió que se trataba de agentes de inteligencia encargados de vigilarla y no tardó mucho en salir de dudas. Una mañana la visitaron dos oficiales conocidos suyos, uno de la Marina de Guerra y otro de la Fuerza Aérea Peruana, para recomendarle que tuviera cuidado con lo que hablaba por teléfono. El hombre de la Fuerza Aérea se las ingenió para conseguir copia de las interceptaciones, y más tarde, cuando se retiró del servicio activo, se convirtió en asesor de investigación para el canal.

"Yo les tomé fotos a los hombres que me seguían y ya, al final, desesperada, me reía de ellos desde mi ventana", recuerda Roxana, cuyo nombre también estaba incluido en el "Octavio". Los agentes de inteligencia, según se lo confiaron sus fuentes militares, no sólo querían saber de dónde había sacado ella la declaración de Montesinos, sino identificar las fuentes que le entregaron datos para sus denuncias sobre la presunta invalidez de los títulos profesionales de Montesinos. La investigación, que quedó inconclusa después de que la biblioteca San Marcos, donde reposaban los diplomas de Montesinos, se incendiara, buscaba probar que el asesor había hecho su bachillerato y su licenciatura en tiempo récord y en contravía de las normas académicas.

Al día siguiente de la emisión del programa sobre los ingresos de Montesinos, Baruch Ivcher recibió una llamada de la fiscal general de la Nación, Blanca Nélida Colán, quien le anunciaba otra visita.

—Quiero hablar con usted, porque me temo que su canal se está excediendo —le dijo la fiscal.

—Será un placer para mí recibir a una magistrada de tan altas condiciones, así venga a abogar por el señor Montesinos —le respondió el empresario.

La fiscal finalmente no cumplió la cita, pero ese mismo día Ivcher recibió una llamada urgente de un congresista de la bancada fujimorista, que le pidió ir a su casa y le rogó mantener su contacto en secreto.

Cuando Ivcher llegó a la casa del congresista, este le pidió salir a caminar por el jardín. "Puede haber micrófonos ocultos —advirtió—. Baruch, yo puedo ser amigo del Gobierno, pero eso no significa que deba compartir sus métodos. El ministro de educación, Domingo Palermo, me mostró una carpeta gorda preparada por Montesinos, en la que hay papeles hechos para inculparte de ser un espía de los ecuatorianos. Creo que te van a encarcelar".

Hasta ese momento, Ivcher no se había dado cuenta de que sus socios y hermanos de sangre hebrea, Samuel y Mendel Winter, estaban aliados con el Gobierno en un complot para quitarle el canal. En cuestión de días, el Ministerio del Interior le revocó el reconocimiento de la nacionalidad peruana y, despojado de esta, perdió también sus acciones en la empresa. En su caso se cumplió, casi al pie de la letra, el libreto contenido en las páginas del Plan Octavio.

Ivcher viajó a Boston para asistir al grado de su hija, y permaneció largo tiempo en Estados Unidos. En el Departamento de Estado, en Washington, y en el Capitolio encontró defensores de oficio de Fujimori que le recriminaban que anduviese denunciando que el Gobierno peruano, considerado el mejor aliado de la Casa Blanca, estaba carcomido por la corrupción y el narcotráfico. Fueron dos de sus mejores amigos, los congresistas de línea dura Jesse Helms y Benjamin Newman, quienes finalmente abogaron a su favor y convencieron al Gobierno de Washington de que le retirara gradualmente el apoyo a su aliado en Lima.

Helms y Newman, miembros, como Ivcher, de la comunidad judía, enviaron cartas a Fujimori protestando por la persecución contra el *Canal 2* y le escribieron también al entonces Presidente de los Estados Unidos, Bill Clinton, para pedirle que no echara en saco roto la información que le llegaba sobre los desafueros del régimen de Lima. Ivcher entregó para la investigación de este libro copias de esas cartas.

Los hermanos Winter fueron apresados por orden de un fiscal anticorrupción, ante la existencia de pruebas según las cuales ambos habían avalado documentos falsos que facilitaron el procedimiento oficial que le significó a Ivcher la pérdida de la nacionalidad peruana. Tras la renuncia de Fujimori, la Corte Interamericana de Derechos Humanos en Costa Rica sentenció que el Estado peruano debía devolverle a Ivcher el uso y el disfrute del canal, con retroactividad al 1º de agosto de 1997, y pagarle una indemnización justa. En 2005 el dueño de *Canal 2* todavía libraba una controversia pública con el presidente Alejandro Toledo, cuya esposa, Eliane Karp, le juró la guerra a Ivcher. La primera dama estaba molesta porque el canal se negó a despedir al popular presentador Jaime Baily por sus programas sobre el caso de la patria potestad de una hija no reconocida de Toledo.

Fuentes bajo juramento

Cuando al SIN le resultaba muy difícil comprar la conciencia de algún periodista se dedicaba a sembrar pruebas falsas en el camino de sus pesquisas. Según recuerda Miguel Ramírez, miembro de la Unidad Investigativa del diario *El Comercio*, eso ocurrió en los más sonados casos de la relación de Montesinos con agentes de la mafia. "Una fuente que hoy parecía confiable se retractaba al día siguiente, o un documento, con sellos y membretes oficiales, era apócrifo", dice Ramírez para ilustrar sus ejemplos. Por eso a él y al equipo conjunto del periódico y del *Canal N*, que descubrió la existencia de una "fábrica clandestina de firmas" usada por Fujimori para constituir un movimiento que avalara su propósito reeleccionista en 1999, les tocó hacer que sus principales fuentes firmaran declaraciones juramentadas ante notarios, de modo que luego tuviesen que asumir responsabilidad plena por lo que habían dicho.

A ese procedimiento excepcional se sometió Carlos Rodríguez Iglesia, un muchacho de 23 años, que en la época preelectoral se acercó al periódico para quejarse de que en la "fábrica", situada en El Callao, le habían quedado debiendo cincuenta soles por su trabajo en la falsificación de firmas basadas en los registros oficiales que la organización electoral había facilitado para el efecto.

—Don Miguel, ayúdeme con una publicación a que me paguen la platica —le dijo al periodista aquel muchacho de rostro pálido y cierto tono de ingenuidad en sus palabras.

—Claro, pero usted me ayuda a algo mucho más importante: a descubrir a todos los falsificadores de firmas —le dijo Ramírez.

En febrero de 2000, el joven condujo a los periodistas al sitio donde se gestó el gran fraude. Se trataba de una casa tomada en alquiler por el congresista Óscar Medelios, de la bancada oficialista. El reto que planteaba la investigación llevó a *El Comercio* a unir fuerzas con su aliado natural, el *Canal N*. Los reporteros destacados para las averiguaciones usaron inicialmente cámaras encubiertas, pues encontraron que, pese a sus reservas de carácter ético frente a su procedimiento, no tenían otra manera de conseguir evidencias. "El entorno de seguridad era muy difícil de franquear. Los vecinos se mostraban agresivos y los responsables no estaban dispuestos a dar la cara espontáneamente", recuerda Miguel Ramírez.

La investigación periodística duró un mes y marcó el primer toque de la retirada de Fujimori, pese a que la fiscal que asumió de oficio el proceso respectivo, Mirtha Trabuco, se limitó a hacer un par de diligencias para exonerar de responsabilidad al Gobierno. Durante su tortuoso camino, "fuentes" fabricadas por los servicios de inteligencia intentaron desviar las investigaciones. Era frecuente que supuestos espontáneos y "buenos ciudadanos" visitaran a los periodistas para ofrecerles información sobre otras fábricas de cédulas o entregarles presuntas pistas que, invariablemente, resultaron falsas.

Los agentes del Plan Octavio intentaron también restar impacto a las publicaciones presionando a fuentes y testigos para retractarse. Percatados de la situación, los miembros del equipo apelaron a un mecanismo sin antecedentes conocidos en el periodismo peruano: sus fuentes, si eran buenas, deberían certificar en notaría sus aseveraciones.

El joven Rodríguez no sólo firmó sus declaraciones ante un notario, sino que aceptó usar micrófonos ocultos para poner en evidencia a otros comprometidos que, según Miguel Ramírez, no habrían dado la cara de otra manera.

Aquel no fue el único procedimiento osado. Cuando el diario *La República* demostró, también en el año 2000, el compromiso de Montesinos en el tráfico de armas compradas a Jordania y desviadas a la guerrilla colombiana de las Farc, sus periodistas se las ingeniaron para romper las fuertes talanqueras que les impedían el acceso a la información.

Ayudado por su apariencia de adolescente imberbe, Óscar Libón, uno de los mejores reporteros limeños, pudo entrar de incógnito a la cárcel de la Marina de Guerra. Allí se encontraban confinados, como chivos expiatorios, suboficiales del Ejército enviados por Montesinos a Jordania con la consigna de que harían una compra secreta de armas para el Gobierno, de la cual Ecuador —país con el que se acaba de librar un conflicto— no podía enterarse.

Libón, que desde el comienzo dudó de la versión oficial, buscó contacto con los familiares de los detenidos. Un domingo por la tarde, esperó que la esposa del suboficial Luis Alberto Mesa regresara a su casa después de la visita a los presos.

—Permítame hablar con su esposo. En el periódico sabemos que él no es el traficante que pinta Montesinos —le dijo el periodista a la mujer.

—Pero, ¿quién convence al comandante de la prisión de que deje entrar a un periodista? Eso haría que a lo mejor incomunicaran a mi marido o que lo mataran —le respondió ella, con palabras atropelladas por el nerviosismo.

El reportero no insistió en un primer momento, pero se ganó la confianza de la familia del suboficial y, con paciencia y perseverancia, consiguió que le dejaran ver álbumes familiares y otros documentos que resultarían útiles para su investigación. Encontró por, ejemplo, fotografías en las que el suboficial y sus compañeros posaban en Jordania, al lado de emisarios de Montesinos para la compra de las armas. Así confirmó que contratistas oficiales participaron en la adquisición del armamento e hicieron valer sus buenos oficios ante las autoridades de Ammán para simular que la compra de armas se hacía entre gobiernos y ocultar su eventual desvío hacia las Farc.

—Le propongo algo, señora —le dijo un día Libón a la esposa del suboficial. No digamos en la prisión que yo soy periodista y lléveme como si fuera un familiar.

—Me da miedo —dijo ella.

—El periódico asume los riegos.

El siguiente fin de semana, Óscar llegó a la cárcel como el "sobrino" del suboficial. Los guardias, que por su apariencia lo trataron como a un menor de edad, ni siquiera repararon en su documento de identidad. Ya adentro, frente a su fuente, tuvo que apelar a su buena memoria para conservar el testimonio que le allanó el camino para hacer una publicación que, a su vez, demolió la versión oficial sobre el Plan Liberia. Esta denominación fue reservada por Fujimori y Montesinos a un procedimiento artificial que pretendió inculpar a militares de bajo rango en el contrabando de los fusiles y dejar libre de responsabilidad al alto Gobierno.

Mesa, un experto paracaidista que había ayudado a "bombardear" desde el aire lotes de fusiles, le contó la operación con lujo de detalles. Incluso le reveló las coordenadas del sitio donde fue arrojado el armamento que —se sabría más adelante— correspondían a la población colombiana de Barrancominas, fortín de las Farc. La operación se hizo con aviones Yusein, de fabricación rusa, fletados en África. Por él logró identificar a otros contactos clave, como el traficante internacional Sarkis Soghanalian y Luis Frank Aybar Cancho, ex teniente del Ejército peruano y contratista del Gobierno.

Otros periodistas, que se vieron privados de espacios propios por obra del bloqueo oficial, juntaron ahorros y aportes de buena voluntad para crear medios independientes y ejercer desde ellos la fiscalización del Gobierno. Así surgió, por ejemplo, el diario *Liberación*, un tabloide en blanco y negro que descubrió varias de las cuentas secretas de Montesinos.

El periodista Moisés Ayslas recuerda que el periódico fue fundado por César Hildebrant, Fernando Viaña y Luis Iberico, cesantes después de la expropiación del canal de Ivcher y del cierre del diario de oposición *Referéndum*. *Liberación* fue, según sus palabras, "un instrumento de contingencia", en el sentido de que sirvió de canal de expresión a periodistas censurados en otros medios, hasta el día en que cayó Fujimori. Después, sus dueños consideraron perdida la razón de ser y lo cerraron.

Según Ayslas, *Liberación* dejó un legado sobre el ejercicio de periodismo crítico y contestatario y se hizo famoso por sus títulos irreverentes. "La coca nostra", tituló a lo ancho de su primera página cuando un grupo de periodistas, perseguidos dentro del Plan Octavio, descubrieron los vínculos de Montesinos y un sector de las Fuerzas Armadas con el cartel local de la mafia. También anticipó, con humor y buen tino al mismo tiempo, el sentido de los libretos del *talk show* de Laura Bozzo, utilizados en su momento por Montesinos en su intento por desacreditar a Alejandro Toledo cuando se perfilaba como posible sucesor de Fujimori.

Historias intermedias

Caído Fujimori, la prensa peruana buscó un nuevo despertar. Algunas de las unidades de investigación se remozaron y empujaron un relevo generacional. La historia que se cuenta enseguida es una muestra de un intento de los medios —quizá desesperado— por salir del estigma del sojuzgamiento y dar muestras de que la lección había quedado aprendida.

Aunque sordomuda, Magnolia se ha declarado siempre orgullosa de las habilidades innatas que le dio la vida para escudriñar en la conciencia de los hombres, descifrar sus corazones y leer inequívocamente sus labios. Por eso atendió solícita la invitación que le hizo Gilberto Hume, editor del noticiero *90 segundos*, del *Canal 2*, para que le ayudase a entender lo que decía Pedro Toledo —hermano menor del presidente de Perú, Alejandro Toledo— enfocado casualmente por una cámara mientras hablaba desde su celular en la sala de recibo del hotel Sheraton en Lima.

"Mi querido ingeniero, llama al ministro Ortiz para que atienda cinco minutos a César Montoya. Es sobre el tema de Telesat, el proyecto de telecomunicaciones, pues...", escribía la joven mientras miraba la imagen de Toledo en las pantallas de los monitores del estudio y se concentraba en la boca del personaje para descifrar las palabras que modulaba. "¡Tráfico de influencias!", dijeron casi al unísono los periodistas que seguían la escena en la sala de edición, entusiasmados con la idea de meterse en los entresijos de una investigación llena de retos.

Ese jueves 4 de marzo de 2004, Pedro Toledo y su hermana Margarita habían acudido temprano al Palacio de Justicia, en el centro de Lima, para promover una causa penal por difamación contra el publicista argentino Daniel Borobio. Asesor de comunicaciones de Vladimiro Montesinos y experto en las ominosas artes de la propaganda negra y la desinformación para desprestigiar a contradictores del establecimiento, Borobio declaró antes de huir a Chile, tras la caída de Fujimori en septiembre de 2000, que los Toledo se habían lucrado de negocios subrepticios con Montesinos. Cuando la declaración fue desempolvada por los medios de comunicación, el propio presidente Alejandro Toledo convenció a sus hermanos de hacer todo lo posible por frenar un nuevo escándalo. En ese momento, el mandatario ya tenía suficiente con los cuestionamientos públicos por su resistencia a reconocer a Zaraí, una hija extramatrimonial. A despecho de su esposa Eliane Karp, quien no ocultó la furia que le producían las publicaciones sobre el tema, Toledo decidió liberarse de presiones y reconocer a la joven en 2002.

Al salir de la diligencia judicial, los Toledo no quisieron hablar con los periodistas que los rodearon con un cerco de cámaras y micrófonos. Vestido elegantemente con un traje negro, camisa blanca, corbata celeste, mancuernas doradas y peinado con un fijador lustroso, Pedro movía con displicencia su mano izquierda, queriendo alejar a los reporteros como si fueran moscas, mientras fumaba a bocanadas con la derecha. Margarita subió agachada con él a una camioneta negra último modelo. César Yarleque y Gino Márquez, de *Canal 2*, optaron por seguirlos hasta el vecino hotel Sheraton.

Ya allí, los Toledo quisieron vencer la persistencia de los reporteros, pero luego parecieron resignarse a su presencia. Yarleque se situó discretamente en un rincón de la recepción principal y se dedicó a hacer tomas de apoyo para un informe que al principio parecía rutinario. Con la lente de su cámara se acercó hasta conseguir un primer plano de la cara del hermano del Presidente y decidió mantener fijo el foco cuando el personaje atendió una llamada a su celular. Pedro le pidió a Margarita que anotara un número y un nombre que el interlocutor le dictaba. También a ella la cámara la siguió acuciosamente y volvió a Pedro cuando marcó su teléfono para hablar con la persona que le indicaban. La distancia era suficiente para recoger imágenes nítidas, pero no para captar el sonido de la conversación.

En los datos derivados de la lectura de labios hecha por Magnolia y los anotados por Margarita Toledo en una servilleta, *Canal 2* encontró el punto de partida hacia una pesquisa promisoria. Gino Márquez se unió a un equipo de noveles periodistas, orientado por Cecilia Valenzuela, la editora que se había hecho famosa por las investigaciones que permitieron identificar por sus nombres a los miembros del grupo Colina, y por los informes que pusieron en duda la legalidad de los papeles que certificaban la nacionalidad de Fujimori.

Con disciplina a prueba de tedios, los periodistas se rotaron en la tarea de buscar los registros de todas aquellas empresas que tuvieran como objeto social la prestación de servicios de telecomunicaciones, y de leer las gacetas oficiales que informaban sobre las licitaciones y adjudicaciones públicas. Gino Márquez verificó el número marcado por Toledo desde su celular, anotado por su hermana en la servilleta aquel día en el hotel Sheraton y encontró que correspondía a Félix Málaga. Ingeniero arequipeño, Málaga era la cabeza de una empresa familiar —Málaga Hermanos— y de la firma Campesa, ambas contratistas del Estado. Había hecho parte de la junta directiva de Capeco, otra empresa del sector de telecomunicaciones, en la que fue compañero de José Javier Ortiz Rivera, ministro de Transportes y Comunicaciones del Gobierno del ahora presidente Alejandro Toledo.

Otro miembro del equipo de periodistas, César Hildebrant Chávez, encontró que el Ministerio de Transporte y Comunicaciones había adjudicado el contrato para el proyecto Telesat, mencionado por Pedro Toledo en su conversación, a la empresa Telecomunicaciones Hemisféricas S. A. C. Su objeto era la operación, durante veinte años, de la telefonía fija en Lima y Callao, a cargo hasta entonces de la multinacional española Telefónica, interesada en continuar con el negocio. Como dueños de la firma concesionaria figuraban sobre el papel Víctor Raúl Charalla Jiménez y Alejandro Alzamora.

Charalla resultó ser un chofer y vendedor de periódicos que vivía con su esposa en una casa de madera y adobe en una barriada conocida en Lima como jirón Echenique, dentro del populoso distrito de Magdalena. Cuando los reporteros llamaron a la puerta, la esposa de Charalla, apenas la entreabrió, y frunció el ceño, sorprendida con cada pregunta.

—Señora, ¿qué hace su esposo? —preguntó el periodista.

—El es un chofer... un chofer de carga —respondió ella, evitando mirar hacia la cámara.

—¿Pero usted sabía que él es dueño de Telecomunicaciones Hemisféricas? —la interrogó el reportero con una mal disimulada ansiedad.

—¿De qué? No, no... él no me ha dicho nada. Únicamente sé que no ha vuelto a vender periódicos por estar manejando... —respondió la mujer, que de ahí en adelante pasó al uso de escuetos monosílabos.

Alzamora era otro humilde asalariado. Parecía difícil que entre Charalla y él pudieran reunir 1.800.000 dólares que el contrato exigía como inversión inicial para el tendido de las redes necesarias para la instalación de setecientas mil líneas y el montaje de cuarenta mil troncales telefónicas.

En cambio, la sede de la compañía contrastaba con la condición social de sus dueños. Ubicada en el 304 del residencial José Pardo, en el corazón del exclusivo distrito de Miraflores, compartía espacio e infraestructura con Representaciones Hemisféricas. Las escrituras de constitución de ambas empresas estaban ligadas por un cordón umbilical: fueron creadas en diciembre de 2003 por Pedro

Toledo, en sociedad con César Montoya. Telecomunicaciones Hemisféricas tenía entonces la fortuna de hacerse a una millonaria concesión tan sólo tres meses después de creada, con un capital social de cinco mil soles (unos 1.500 dólares de la época).

Allí se cerraba el círculo. No quedaban dudas de que el interlocutor en la llamada de Toledo era el ingeniero Málaga, amigo cercano del ministro Ortiz. Tampoco de que el recomendado de Toledo era Montoya, su socio encubierto, y mucho menos de que Charalla y Alzamora eran comodines o testaferros. Quedó probado también que la comunicación telefónica había surtido efecto, porque la concesión fue adjudicada el 9 de marzo, cinco días después de haber sido captada la llamada por la cámara de *Canal 2* en el Sheraton.

En medio del escándalo suscitado por la denuncia, la justicia peruana se vio forzada a abrir una investigación penal por el entuerto que quedaba al descubierto. Sería misión suya probar y sancionar eventualmente un tráfico de influencias. En marzo de 2005, el proceso estaba en manos del fiscal Óscar Cevallos. Pedro Toledo mantenía un silencio inmutable, respaldado por Julián Palacín, su circunspecto abogado.

Investigaciones periodísticas de este tenor marcaban entonces un desfogue y, al mismo tiempo, un nuevo amanecer para el periodismo peruano. Cuando Fujimori cayó y fue relevado por Toledo, la prensa no ocultó su ansiedad por recuperar por lo menos parte del patrimonio de independencia y del vigor ético perdido cuando varios empresarios de los medios se dejaron cooptar por el régimen.

A Montesinos, en verdad, no le costó mucho trabajo ponerlos de su lado. Como lo han ido revelando las pruebas que se derivan de los procesos judiciales en su contra, apeló para ello a los pagos de dinero en efectivo, a dádivas de todo orden y a la concesión de beneficios tributarios a los dueños de los principales canales de la televisión, periódicos y medios radiales. Los famosos 'vladivideos' dan testimonio fehaciente de todo ello. Más allá de los confines de los expedientes, la historia ha dejado en claro que este hombre se arrogó el derecho de controlar sus contenidos periodísticos y, de la mano de Daniel Borobio, puso en circulación varios periódicos sensacionalistas (prensa chicha se les llama en Perú) para desprestigiar y perseguir a periodistas independientes que no se habían plegado a sus intereses.

De vez en cuando el 'Rasputín' —como apodó la prensa de oposición a Montesinos— permitió "escrutinios críticos" contra el Gobierno para crear una sensación artificial de libertad de prensa. Permitió, por ejemplo, que los canales 7 y 9, cuya parrilla de programación era elaborada por su despacho, reprodujeran informaciones según las cuales él había financiado con dineros oficiales la elaboración de camisetas y propaganda partidista durante las gestas reeleccionistas de Fujimori.

Después de que Fujimori tomó el camino del exilio hacia Japón y de que Montesinos fue reducido a prisión, el péndulo imaginario del espíritu gremial se movió al otro costado, y la prensa se lanzó, incluso de manera desordenada, en busca de su perdida capacidad de fiscalización. "Casi sin planeación y sin ningún tipo de previsión táctica, los medios masivos, y especialmente la televisión, se volcaron al terreno de la 'denunciología', a partir de la presunción de que todos los actos de la administración escondían alguna dosis de perversidad", recuerda Gustavo Gorriti, codirector del diario *La República*. Su percepción es respaldada por Ricardo Uceda, director del Instituto Prensa y Sociedad (Ipys): "Lo que ha se ha dado desde entonces es un intento del periodismo peruano por demostrar que la lección se aprendió. Dudo de que se logre ese cometido sin el juicio histórico, serio y ponderado que lo ocurrido amerita".

El camino de regreso...

El Estado peruano se tomó en serio el anuncio hecho el 13 de septiembre de 2004 desde Tokio por el ex presidente Fujimori. Después de renovar su pasaporte en el consulado peruano, el ex mandatario se acercó sonriente hasta un grupo de corresponsales extranjeros para decirles que preparaba su camino de regreso a Lima porque estaba dispuesto a participar en las elecciones presidenciales de 2006. El 6 de octubre siguiente envió una escueta carta a la organización electoral y formalizó su anuncio.

Desde entonces y hasta finales de año un equipo de asesores de la Cancillería peruana se concentró en la preparación de un nuevo pedido de extradición. Como Japón aducía la inexistencia de un tratado entre los dos países que regulara la materia, esta vez la solicitud se hizo a instancias de la Corte Internacional de Justicia de La Haya.

El 19 de febrero de 2005, la Corte Constitucional decidió en Lima que el ex mandatario no podría aspirar a regresar al solio de los presidentes debido a su condición *sub judice* y de reo ausente en veintiún procesos penales. Exactamente ocho meses después, la Corte Suprema absolvió a Fujimori de los cargos que pesaban en su contra por el caso de la compra de repuestos militares en 1994. En los medios limeños la decisión suscitó suspicacias, y el diario *La República* llamó editorialmente la atención sobre la influencia que Fujimori y Montesinos conservaban en la administración de justicia.

Y hasta a los más suspicaces los tomó por sorpresa la noticia conocida el 7 de noviembre de 2005: Fujimori llegaba de improviso a Santiago de Chile para una "escala temporal", según lo dijo él mismo, antes de su avanzada final hacia Perú. Sin embargo, la Policía Internacional (Interpol), primera desconcertada con el hecho de que 'El Chino' hubiera podido burlar la orden de captura que pesaba en su contra, le echó mano.

Fujimori viajó desde Tokio en un jet ejecutivo Global Express, con matrícula estadounidense N949GP y autonomía de vuelo suficiente para hacer viajes intercontinentales sin escalas. Llegó a Tijuana, México, pasadas las once de la noche del sábado 5 de noviembre. Según las autoridades aeroportuarias, permaneció allí una hora y diez minutos, pero seis funcionarios locales —removidos luego de su cargo por mala conducta— sólo registraron los pasaportes de sus acompañantes: Jorge Vejar, de nacionalidad estadounidense; Arturo Makino, peruano; y Kazakuta Nagato, japonés. Allí hubo relevo de tripulación. Bajaron de la nave los pilotos Michael Sage, australiano, y Christopher Vedo, estadounidense. Los relevaron Dany Pennington, estadounidense, e Hilmar Seeman, japonés.

México explicó oficialmente a Perú que la omisión del nombre de Fujimori en los registros anexos al plan de vuelo, la aparente negligencia de los operadores locales del aeropuerto y la inexistencia de una orden de detención librada por un juez mexicano constituyeron la suma de circunstancias que evitaron la captura del ex presidente en su primera parada.

Fujimori se registró el 7 de noviembre en el Hotel Marriot de Santiago de Chile. Un artículo aparecido al día siguiente en el diario *El Mercurio* ventiló la posibilidad de que el personaje le estuviese apostando a que recientes fricciones diplomáticas entre Perú y Chile, relacionadas con diferencias por límites marítimos, jugaran a su favor. También habría tenido en cuenta que Chile había rechazado en 2001 la solicitud de extradición del publicista Borobio, huido a Santiago después de la caída de su Gobierno.

Sin embargo, esta vez Lima estaba dispuesta a jugarse a fondo para reservarse el derecho a tener a Fujimori en el banquillo de la justicia. En la Navidad de 2005 envió a Chile tres gigantescos legajos de documentos, que no dejaban dudas sobre el sustento de la pretensión. Fujimori, a su vez, mantenía vigente su intención de someterse al escrutinio de las urnas. Todo indicaba entonces que los peruanos serían los dueños de su destino.

Costa Rica

Nombre: Rafael Ángel Calderón Fournier

Fecha de nacimiento: 14 de marzo de 1949 en Diriamba, Nicaragua

Profesión: Abogado de la Universidad de Costa Rica

Período de gobierno: 1990-1994

Acusación: Seis delitos de corrupción agravada y daños al erario público.

Situación actual: Luego de pasar varios meses tras las rejas, hoy se encuentra bajo fianza en su hogar por razones de salud.

Nombre: Miguel Ángel Rodríguez

Fecha de nacimiento: 9 de enero de 1940 en San José, Costa Rica.

Profesión: Graduado en economía y leyes de la Universidad de Costa Rica y doctorado en economía en la University of California de Berkeley.

Período de gobierno: 1998-2002

Acusación: Corrupción y enriquecimiento ilícito

Situación actual: Luego de pasar varios meses tras las rejas, hoy se encuentra bajo fianza en su hogar.

La caída de los colosos

HASTA ENTONCES, LA FAMILIA Calderón Bejarano había sido un clan intocable para los periodistas. "Pura vida" era la muletilla preferida por sus miembros a la hora de las palmadas, saludos o besos de despedida, tal como cualquier costarricense. Pero esa calma se esfumó cuando las tres mujeres estuvieron convocadas frente al gigantesco televisor de pantalla plana y vieron, en directo, la entrada del patriarca Rafael Ángel Calderón a las oficinas del Ministerio Público de Costa Rica. Desde ese momento flotó un silencio abrumador en la sala adornada de flores y cuadros originales, que ni las mascotas del patio interior se atrevieron a interrumpir.

En esa casona de Pinares de Currirabat, a un costado de San José, las tres mujeres se aferraron en coro a un capítulo consagrado de la Biblia, mientras los cuidadores se movían con prontitud ante la anunciada llegada de los periodistas con micrófonos y cámaras. Estaba escrito en esta historia que en el hogar del ex presidente Calderón los reporteros buscarían las primeras reacciones de una familia que siempre se había mostrado dispuesta y afable con la prensa, pero que bajo esas circunstancias adversas apelaría al derecho a la intimidad.

La ex primera dama Gloria Bejarano y sus dos hijas lucían nerviosas, algo perturbadas por el destino y el honor del hombre de la casa. Con todo el porte heredado de una próspera dinastía mexicana, la señora Bejarano se dedicaba por esa época a sacar adelante una altruista tarea en el Museo de los Niños, sus dos hijos estudiaban y trabajaban en Estados Unidos, y las dos hijas comenzaban a tributar en sus profesiones humanistas: Gloria, con oficina propia, tomaba fotos comerciales, y María Gabriela enfilaba su carrera de publicista en una de las agencias internacionales más reconocidas: McCann Erickson.

Pero en esos minutos de intranquilidad todas sus esperanzas dependían de los teléfonos móviles para exigir explicaciones coherentes a su equipo de penalistas. Ellas querían saber cómo franquearía el primer interrogatorio en su contra el ex presidente Rafael Ángel Calderón Fournier —hijo de un afamado caudillo conservador de la guerra civil de Costa Rica (1948)—, que entre 1990 y 1994 dirigió el país con su Partido Unidad Social Cristiana (PUSC) a la cabeza.

El grupo de fiscales de delitos económicos, además de reseñar en el expediente el color café del cabello y el millón cuarenta mil colones mensuales que recibirá hasta la muerte por su pensión presidencial, lo apretaban por un caso de corrupción que lo había enlodado casi mes y medio antes, el 4 de septiembre de 2004, luego de un informe bomba entregado por los periodistas de *Telenoticias* de *Canal 7*.

Esa mañana del 21 de octubre de 2004, el líder natural del PUSC ingresó voluntariamente al edificio de la Fiscalía con la timorata esperanza de apagar una denuncia que lo implicaba como partícipe y receptor de unos premios de agradecimiento por el éxito del llamado proyecto Finlandia. Conocido sólo en las cumbres políticas, el caso consistía en un préstamo blando del Gobierno escandinavo de 39,5 millones de dólares para comprar 3.037 equipos médicos provenientes de ese país, que serían destinados, aparentemente, a renovar los obsoletos aparatos de los hospitales públicos costarricenses.

En el papel era una cruzada de buenas intenciones, pero en la práctica, como registra la investigación judicial, se trataba de maniobras distanciadas de la ley, que giraban alrededor de dos hechos contundentes: que los equipos importados desde el viejo continente no sirvieron de mucho para suplir las urgentes carencias de los centros de salud; y que Calderón, en su calidad de patrón del PUSC, recibió una comisión personal secreta por ayudar a empujar el negocio en las esferas legislativas.

Abogado de grandes ligas y amante del béisbol, el ex jerarca aclaró ante los inspectores que su participación en el proyecto europeo consistió apenas en dar una opinión favorable del empréstito a varios diputados de su bancada durante el trámite legislativo. Su jugada fue corta y a primera base: "…lo hice sin interés personal y sin que mediara promesa de nadie de beneficiarme con premio alguno en caso de que se diere dicha aprobación", como consta en el expediente 04-5356-042-PE.

Calderón fue enfático en contradecir las acusaciones de su delfín político, el ex director de la Caja, Eliseo Vargas, quien, al verse atrapado casi dos meses antes, cantó ante las autoridades —y por ende ante los medios— que su mentor, Rafael Ángel, había recibido un premio de cinco por ciento del total del contrato firmado entre la Nación y los finlandeses. Nada menos que el segundo negocio más jugoso en la historia de una entidad que maneja los dineros de la salud y de las pensiones de los cuatro millones de "ticos" o costarricenses. (El primero, aún dormido en los armarios judiciales, consistió en otro proyecto de instrumentos médicos con el Gobierno español, por sesenta millones de dólares, en tiempos del Gobierno socialdemócrata de José 'Pepe' Figueres, 1994 – 1998).

Unos días antes, el patriarca de los Calderón había pasado por un proceso similar de lluvia de preguntas. Pero aquella vez consistió en una reunión nocturna y privada con su familia en pleno. Allí, bajo el silencio de la noche, el trío femenino le solicitó al jefe de hogar una explicación razonable ante tanto alboroto de los medios de comunicación. María Gabriela, su hija veinteañera y la más férrea defensora de la honorabilidad de su padre, recreó el momento para este libro:

—Papi, cuéntanos cómo es eso, porque no queremos sorpresas —recuerda que le preguntó María Gabriela.

—Salí hace diez años de la Presidencia —dice que le explicó su padre—, y por eso lo que haga hoy en mi oficina de abogado no es asunto público. Me acusan por un trabajo privado con una empresa en mi calidad de abogado. Punto.

Al salir de la Presidencia de su país, Calderón le dedicó tiempo completo a su bufete de abogados y, según él, como prestador de servicios legales recibió unos 440.500 dólares por asesorar en los trámites del negocio a una empresa local de renombre en el mundo de la salud: la Corporación Fischel. Desde hacía varias décadas, esta firma farmacéutica era la representante en el país de la multinacional finlandesa Instrumentarium Medko Medical, proveedora de los equipos y de los materiales médicos que se acomodaron a los trancazos en los hospitales de Costa Rica.

Con esa aclaración, los Calderón cerraron filas en torno al ex presidente y se dispusieron a apoyarlo en lo que fuera necesario. No en vano se levantaban temprano en las mañanas para estar listos en el momento que llegaran las autoridades a allanar la vivienda. Los desayunos eran presurosos, no había tiempo para la sobremesa y casi siempre los medios de comunicación montaban guardia a la entrada de la casona para no perderse un instante de la escena. En cualquier momento, según la corazonada familiar, entrarían a buscar las pruebas que encajaran con las denuncias de los medios locales *La Nación, Al Día, Canal 7* y *Repretel*. Pasaron días bajo tortura psicológica, por lo que antes de exponer a su familia a un procedimiento brusco y televisado, el hombre mayor de los Calderón se presentó ante la justicia.

El día de su declaración en la sede del Ministerio Público, ese 21 de octubre de 2004, se divisaba por los canales locales de televisión cómo se movían en zigzag los abogados en las instalaciones judiciales del centro de San José. Pocas horas antes, a ninguno de los defensores de Calderón se les pasó por la cabeza que las autoridades, en menos de una semana, enjaularían a dos ex presidentes reputados y poderosos. Era batir un récord mundial. Ya estaba bajo arresto el ex mandatario Miguel Ángel Rodríguez por su vinculación al caso conocido como Alcatel y, en ese minuto, los fiscales tenían en sus manos la oportunidad de quitarle la libertad, por otro proceso de "premios ilegítimos", a un segundo ex mandatario conservador.

Los despachos noticiosos sugerían la posibilidad de que quedara detenido. Según algunos reporteros de *La Nación* y de *Canal 7*, que cubrían este suceso noticioso como si se tratara del momento más glorioso del periodismo costarricense, había en el ambiente unas ganas desenfrenadas de que se desplomara el ex gobernante: por el peso de las pruebas y por la habilidad de Calderón para escabullirse de otras investigaciones periodísticas, como su vinculación a un caso de visas falsas para unos beisbolistas cubanos, o la de su amistad con un poderoso personaje mexicano cercano al ex presidente de ese país, Carlos Salinas de Gortari, el extinto político Carlos Hank, sospechoso de narcotráfico y lavado de divisas, según agencias de inteligencia y de control financiero de Estados Unidos. "Siempre bromeábamos que nuestro sueño era verlo con esposas, pues se nos había escapado en varios casos", recuerda Mauricio Herrera, periodista de la unidad investigativa de *La Nación*.

Empecinados en conseguir la primicia, los reporteros lograron revelar, tras varios sondeos entre funcionarios medios de la Fiscalía, que "don Rafael" quedaba esa noche bajo custodia. Por tal motivo, su esposa dejó ver su desespero. Esa mañana, en la pantalla de *Canal 7* se distinguía al penalista Gonzalo Castellón contestando el teléfono móvil, sin saber que al otro lado de la línea una esposa herida le reclamaba por el destino del líder intocable.

—¡Qué pasa don Gonzalo! Están diciendo que le dictan nueve meses de prisión a Rafael Ángel —inquirió Gloria Bejarano a Castellón, que en ese momento se encontraba utilizando todas las posibilidades que le otorgaba el código procesal penal para dejar sin efecto las medidas contra su defendido.

—¡Cómo! —exclamó Castellón, y salió corriendo hacia las oficinas principales de la Fiscalía, pues no estaba informado de la jugada. Su protegido, Rafael Ángel, tampoco.

La escasez de información fidedigna era un mal presagio para la familia. Las hijas no confiaban en la fortaleza de los 55 años de su padre, y menos en la de su corazón y su estómago, aquejados por problemas coronarios severos y gastritis como consecuencia de una rara enfermedad (esófago de Barrett), según atestiguan los dictámenes de Cardiac Prevention Mount Sinai de Miami y del hospital Calderón Guardia, ambos de septiembre de 2004. Pensaban que la posible situación de cautiverio no la aguantaría Rafael Ángel, casi al mismo tiempo que recordaban una estadística desfavorable en la historia del linaje Calderón: todos los hombres de la familia no se escapan del cementerio más allá de los 60 años.

Los intentos del abogado por evitar legalmente el destino carcelario de su cliente fueron en vano. Minutos después de la llegada de Castellón a las oficinas centrales, ya habían trasladado a Rafael Ángel a una celda compartida en el sótano del edificio judicial. Y ya estaba cocinada la decisión de la juez penal del circuito de San José, Carmen María Peraza, quien ordenó su prisión preventiva hasta el 22 de julio de 2005 por, al menos, seis delitos de corrupción agravada y daños al erario público.

En el fuero interno del detenido las dos palabras que más le dolieron del escrito de la medida cautelar fue el calificativo de "organización criminal" para describir su participación en toda esta crónica de malas prácticas. Concretamente en un párrafo, la magistrada lo acusó por "haber tenido un dominio funcional en la negociación y el poder de decidir de forma exacta y precisa cómo se repartiría el dinero (…)".

Las aprensiones de la familia se agravaron esa tarde al ver en directo el escándalo de una ambulancia, con sirena prendida, que se abría paso entre la multitud tratando de ingresar al bloque judicial. Los periodistas que cubrían la noticia no descartaban una recaída de ex mandatario, pero desde dentro del edificio se hablaba de que uno de los compañeros de celda del ex gobernante vomitaba sangre y necesitaba atención urgente.

73

Fue el comienzo de una pesadilla para los Calderón. En primer lugar, desde ese preciso instante quedó hecho añicos todo el prestigio familiar que nadaba en elogios por el buen gobierno de su padre, Rafael Calderón Guardia, quien transformó socialmente ese país en la década de los cuarenta. La señora Bejarano disimula hoy este contexto adverso y relata en una entrevista para este libro en el comedor de su casa que en los meses de separación de su marido, pese a las dificultades, contaban con centenares de muestras de solidaridad de la gente, que se transformaron en una inyección anímica. Se incluyen en esta lista, agrega la ex primera dama, desde saludos espontáneos en el supermercado hasta llamadas telefónicas anónimas para rezar el rosario.

Sin contar estos consuelos, la realidad les decía que en pocas horas habían pasado del recuerdo aún cercano de las últimas vacaciones en Europa a la inhóspita visita de los sábados a la cárcel La Reforma para saludar al recluso que pasaría hasta la Semana Santa de 2005 viviendo en un cuarto aislado de tres por tres metros cuadrados y sumido en la rutina de lectura de libros religiosos o en la televisión local. Tomaba el sol una vez al día y compartía algunos instantes con su reemplazo en el sillón presidencial y vecino de celda, Miguel Ángel Rodríguez. Quienes conocen a ambos personajes perfectamente pueden deducir que en esas jornadas de aislamiento los ex mandatarios trataron de adivinar quién había sido la persona o el grupo que había hecho la jugada maestra para mandarlos tras las rejas en un período que cambió por completo la historia de un país.

La mansión de Eliseo

Seis meses antes de los encierros de Rodríguez y de Calderón nadie, ni el más agudo de los reporteros del país, cobijaba la ilusión de tumbar de las esferas del poder a sus máximos exponentes. La unidad investigativa de *La Nación*, ni en sus mejores épocas, había podido atrapar a algún pez gordo de la política, y eso que llevaba varios años intentando destapar operaciones dudosas de Calderón. Además, sus tres reporteros con dedicación exclusiva al oficio investigativo se encontraban frustrados porque en 2004 sus denuncias sobre el origen de los dineros electorales del presidente Abel Pacheco no habían encontrado eco ni en la opinión ni en la justicia.

En cierta forma, Costa Rica navegaba en aguas tranquilas que la ubicaban, junto al angosto Chile, como una nación ajena a la corrupción. Las encuestas de Transparencia Internacional decían que en ese año aquel país se encasillaba cómodamente entre sus vecinos con un 4,9, en una escala donde 10 era el grado de mayor transparencia y 0 el de mayor corrupción.

Tal vez por ese motivo, el miércoles 21 de abril de 2004 se tomó como un caso aislado la primera página del más prestigioso periódico de Costa Rica: "Presidente de CCSS alquila casa de gerente de Fischel".

La nota estaba firmada por el cronista argentino Ernesto Rivera, quien había llegado a Costa Rica por la crisis económica de su país en tiempos de Fernando De la Rúa, y se había incorporado, tras una breve estadía en otro diario, al equipo investigativo de *La Nación*. Su escrito, con varias páginas de cobertura, aseguraba que Eliseo Vargas, el presidente de la Caja costarricense, pagaba un alquiler de 2.500 dólares por una lujosa casa que pertenecía a Olman Valverde, ejecutivo de la Farmacia Fischel. Aunque a simple vista consistía en un arriendo con todos los papeles en regla, se informaba que se trataba de un alquiler "poco ético" por una casona color amarillo pastel de 1.100 metros cuadrados, dos plantas, piso de mármol y un jardín que colinda con una cancha de golf. Tocando las puertas de los vecinos, el periodista Rivera pudo concluir que Vargas cancelaba en arriendo la mitad de los cinco mil dólares que pagaban ellos, y que, además, esos 2.500 dólares significaban el ochenta por ciento de su sueldo. El mérito del comunicador consistió en establecer que la situación estaba lejos de amoldarse a los ingresos de un empleado público, hijo de un taxista y procedente de un barrio de clase humilde.

La sospecha surgió del hecho de que Fischel, la empresa de Valverde, era una de las principales proveedoras de la entidad gubernamental de salud. Tan sólo en el año 2003 esta compañía, perteneciente a una de las familias locales más poderosas, le vendió al Estado cerca de dos millones de dólares en medicamentos y equipos. El tono de la denuncia, sin mayores propósitos, cuestionaba la relación entre ambos personajes.

En el aire quedaban algunos cabos sueltos que tentaban a los reporteros de la unidad investigativa del periódico a seguir indagando. Consistía en una historia de gran calibre para Ernesto Rivera, quien empezaba de nuevo su carrera en un país lejano y estaba ávido de establecer una buena reputación en un periódico que se jactaba de cobijar gran independencia y credibilidad en el país. Autor de un libro de cuentos urbanos, las dotes literarias del argentino quedaron por el momento estancadas porque este caso requería de su mayor concentración.

Antes de la publicación en la portada del diario, Rivera exploró varias veces el conjunto residencial Valle del Sol, en el exclusivo barrio de Santa Ana, para comprobar la desesperación con la que el ejecutivo de la Caja pretendía arrendar la casona. Ya en el lugar, el periodista habló con cuanta persona se paseara por el condominio con tal de llegar al fondo de la verdad. No se le escaparon a su trabajo de campo los testimonios de jardineros, vigilantes y vecinos, por lo que pudo enterarse de que, bajo la figura de buscar una casa en alquiler, el funcionario quería comprar un inmueble con dinero en efectivo. En cierta ocasión, el reportero argentino llegó incluso más allá y sacó de su repertorio un disfraz de jugador de golf para lograr de otras voces, la de vecinos deportistas, más detalles sobre los hábitos del nuevo inquilino de Santa Ana.

Vargas había descartado otras propiedades de la zona por motivos muy diferentes a los de sus precios, como, por ejemplo, que los árboles del patio no dejaban ver a la perfección los prados de golf. Esos elementos singulares se constituyeron en las primeras pistas para que el periodista se decidiera a iniciar sus pesquisas.

Y aunque el cronista argentino fue celoso de sus fuentes al publicar el artículo, en los expedientes de la Fiscalía quedó estampado que una corredora de propiedades, de apellido De Sanz, había sido la causante del destape de este entuerto.

La corredora exhibió para Eliseo Vargas varias residencias, hasta que este se enamoró de la mansión de 735.000 dólares. Entonces pensó que habría negocio seguro. Sin embargo, el directivo no finiquitó la compra y ella no se pudo quedar con la suculenta comisión de venta. Si eso la indispuso, la rabia de la frustrada comisionista hirvió en su sangre al saber que el presunto comprador se había instalado en la misma casa, en calidad de arrendatario. Por eso, llamó al periódico y habló con los reporteros de *La Nación*. Les contó sin rodeos que su antiguo cliente, don Eliseo Vargas, el director de la Caja, andaba comprando nuevo hogar con chequera de millonario y se había acomodado con todos los suyos en un barrio de ricos.

Esta revelación empataba con publicaciones esporádicas sobre las fallas en la maquinaria de varios hospitales, adquiridos por medio del crédito finlandés. Como el préstamo exigía el cincuenta por ciento de su valor en adquisiciones de equipos a ese país europeo, la lista de compras se infló con instrumentos innecesarios. Los miembros de la unidad investigativa del diario, Ernesto Rivera y Mauricio Herrera, y la editora Giannina Segnini, quizá la más aguda reportera del país, recuerdan que un colega del periódico recibió información de un pariente que trabajaba en la Caja y les aconsejaba en voz baja que indagaran sobre la renovación de esos equipos médicos ociosos.

Pese a lo explosivo del caso, el alquiler de la mansión de Eliseo Vargas se encontraba todavía lejos de convertirse en el eslabón principal de esta historia. Por lo pronto, Ernesto Rivera, el periodista, pudo establecer una cita con el constructor de la urbanización de Santa Ana, un médico oftalmólogo colombiano, quien le entregó los contratos originales de la venta de la casa, no del arriendo, con tal de no aparecer en las publicaciones como sospechoso de lavado de divisas.

La situación embarazosa de la fuente —un ciudadano anónimo, colombiano e inversor extranjero en este país— le sirvió para saber que la vivienda estaba registrada a nombre de la sociedad Alfa PVS 59. Que había sido comprada, según movimientos de cuentas de la compañía Fischel, por el gerente financiero de esa corporación, Olman Valverde, en octubre de 2003, el mismo mes en que este último se la arrendó a Eliseo Vargas.

Con estos documentos, *La Nación* quiso contrastar las versiones de Vargas y de Valverde. Para esta misión, dos periodistas se "colaron" en las instalaciones de la farmacia Fischel, gracias a que Ernesto Rivera tiene algunos problemas motrices desde la infancia y los guardias de seguridad mostraron una cortesía especial. No le pidieron identificación en la entrada y uno de ellos apuró, inocentemente, varias veces el ascensor para que el comunicador pudiera seguir su camino.

Al llegar a la oficina de Valverde, Rivera y Giannina Segnini no tocaron la puerta como amerita la buena educación. Se metieron raudos a la sala del gerente y lo encararon por la compra de la propiedad amarilla y el arriendo a Eliseo Vargas. De esta forma obtuvieron la declaración de Olman Valverde, quien mostró nerviosismo ante la artillería de preguntas. Lo mismo hicieron con el director de la Caja en la sede de la casa presidencial, en Zapote. Ninguno de los dos testimonios concordaba en los montos del arriendo ni en el valor de la vivienda. Así que los titubeos y la foto en primera página de la casona se transformaron, ese miércoles de abril de 2004, en una especie de fusilamiento público en el periódico más importante del país y cercano a la clase empresarial.

El lunes y el martes previos, Rivera y Segnini se mantuvieron firmes en su posición de publicar la historia de la casa amarilla, por más intentos que hiciera Eliseo Vargas por demostrar su inocencia y argumentar que se estaba condenando injustamente a una persona recta y sin vicios. "Nos propuso una cita en el centro de San José al mediodía para demostrar con pruebas que tenía la plata para pagar el alquiler —aclara Rivera—. Pero sentíamos que esos resúmenes estaban recién impresos".

Esa mañana del miércoles, bien temprano, empezó el ajetreo con una rueda de prensa programada en la Caja, a cargo de unos médicos expertos en los efectos de un parásito en la población infantil. Pero la presentación se convirtió en todo un fiasco. El presidente ejecutivo de la entidad, Eliseo Vargas, se demoró tres minutos en declarar su renuncia irrevocable "para no perjudicar la reputación" del entonces presidente Abel Pacheco. Luego salió presuroso a esconderse en su oficina. Los facultativos se miraron entre sí sin entender lo que pasaba. Ángela Ávalos, una de las periodistas más experimentadas en temas de salud, que estaba en la rueda de prensa, contó que una de las primeras llamadas que Vargas atendió en su celular fue la de su mentor político, el ex presidente Calderón. Quizá para pedirle serenidad en medio de la hecatombe.

En las horas de la tarde, Olman Valverde también dejaría su cargo gerencial de farmacias Fischel por hacer un "negocio personal" que perjudicaba la imagen de la empresa.

Ese mismo 21 de abril, mientras Eliseo anunciaba su renuncia por el "error involuntario" de alquilar la vivienda a Valverde, llegaba a las oficinas de *La Nación* una fiscal a pedir todos los detalles del caso para empezar una investigación formal. "La funcionaria estaba absolutamente perdida", aclara uno de los reporteros que estuvo presente. Sin decirlo a los cuatro vientos, desde las nueve y treinta de la mañana de ese día la prensa y la justicia comenzaron a trabajar en llave para desmontar una red de corrupción a la que acababan de perforarle el primer orificio.

A esas alturas ya estaba en los planes de los tres reporteros de la unidad investigativa de *La Nación* la tarea de vincular el proyecto Finlandia con la casa de Eliseo Vargas. Pero en los documentos oficiales de la compra, un legajo de metro y medio de altura, todo parecía en orden: el acomodado inquilino no era el director de la Caja en la época en que se firmó el contrato finlandés, calificado como "regalo" porque el Gobierno escandinavo asumía el costo de los intereses del préstamo mientras la

Caja pagaba la mayor parte de la compra con recursos que le adeudaba el Estado.

En una especie de respuesta inmediata, al día siguiente de la renuncia la Junta Directiva de la CCSS publicó anuncios pagados en *La Nación*, *Al Día*, *La República* y *La Extra* en favor de Eliseo Vargas, lo que les costaría a sus miembros cargos por peculado y, al final, la destitución. En Costa Rica no se pueden gastar dineros públicos para asuntos particulares como la defensa y la honorabilidad de un funcionario.

Con el correr de los días se sumó a esta causa periodística *Telenoticias*, de *Canal 7*, que empezó a visitar los hospitales y a descubrir que en algunos centros de atención sobraban equipos de rayos X y faltaban otros instrumentos de urgencia solicitados por escrito por los médicos encargados. *Telenoticias*, que peleaba el liderazgo de audiencia con su competencia directa, *Repretel*, no se podía dar el lujo de quedar rezagado en materia informativa. Por eso se dedicó de lleno a investigar las profundidades del caso. Sus dos directores, Pilar Cisneros e Ignacio Santos, más la colaboración de la joven reportera económica Liliana Carranza, se concentraron en ese foco noticioso, que sería la génesis de la unidad investigativa del informativo.

Desde un principio, *La Nación* llevó la delantera. Apurados por los informes del *Canal 7*, el reportero argentino Ernesto Rivera y su editora decidieron husmear el origen del proyecto. Se dieron cuenta de que para la aprobación de un préstamo entre gobiernos se necesitaba un trámite legislativo. Por eso fueron varias veces a desempolvar archivos en el Congreso. Y, para mal de los involucrados, en medio de la búsqueda encontraron la pista que necesitaban para rellenar los vacíos de la investigación.

En los registros de la Asamblea estaba la anotación de que la iniciativa del 10 de diciembre de 2001 había sido aprobada en tres días, y que el impulsor era nadie menos que el entonces diputado y jefe de fracción del PUSC, Eliseo Vargas. Fue otra bomba noticiosa en primera plana.

Estaba claro para los periodistas que el motivo real de la compra de la vivienda era el pago de una mordida por el éxito del trámite legislativo. Pero faltaban las pruebas. No funcionaban las entrevistas, tampoco la revisión detallada de documentos oficiales.

Así que empezaron, *off the record*, a visitar a gerentes de varios bancos para rastrear los pagos de plata a través de operaciones financieras encubiertas. Al principio, tal como revela el libro *Ojos vendados*, del escritor argentino Andrés Oppenheimer sobre algunos bancos en la región, los altos ejecutivos cerraron todas las puertas a la investigación. Pero una vez vieron que *La Nación* les llevaba la delantera y los podía salpicar, uno de ellos les sopló una pista:

—Mae, ¿por casualidad conoces a una sociedad llamada Marchwood, relacionada con el caso Fischel?

—No, no me suena —contestó uno de los reporteros por el celular.

—Es que tengo este nombre que a lo mejor les sirve, pero la sociedad es panameña —le dijo la fuente al otro lado de la línea y colgó.

La llamada telefónica ocurrió cuando el equipo venía de reportear un caso de cheques falsos que podía ligar al presidente Pacheco con la lechera italiana Parmalat. Apenas llegaron a la sala de redacción, se olvidaron de la intriga contra Pacheco y se pusieron tras la pista de la sociedad panameña de la que jamás habían escuchado.

Mientras el argentino iba al baño, Giannina Segnini, comúnmente llamada 'Nina', se sentó frente al computador y utilizó toda la experiencia de más de trece años sumergida en el universo de las investigaciones. Desde pequeña fue hincha de la informática, afición que perfeccionó en sus años de periodismo en Costa Rica y luego de su paso académico por Estados Unidos. Una amiga del gremio la clasifica como un *"hacker* en potencia", ya que su computador gozaba de una base de datos envidiable hasta para un policía profesional en delitos económicos.

—¡Lo tengo!, ¡lo tengo! —gritó 'Nina' luego de cinco minutos de rastreo en la página *web* oficial de registros panameños. Sus compañeros de trabajo fueron a mirar la pantalla y se encontraron con que Walter Reiche, dueño de las farmacias Fischel, manejaba directamente dos sociedades en Panamá: Marchwood y Harcourt Holdings. Era el mismo nombre que les había soplado la fuente bancaria. Para los reporteros el hallazgo consistía en el cofre perfecto del dinero europeo destinado para las mordidas.

Con pasos tardíos, la Fiscalía se vio obligada a trabajar en la conexión panameña, mientras el país se sacudía con el descubrimiento de *La Nación* al tocar, por primera vez, a una de las familias más tradicionales de la clase alta costarricense. La novedad frente a los hechos era que el nuevo Fiscal General, Alejandro Dall'Anesse, cercano al ex presidente Óscar Arias, se comportaba muy distinto a sus antecesores y tomaba una actitud de superhéroe al estilo del juez ibérico Baltasar Garzón. Por eso pidió el levantamiento del secreto bancario a las autoridades panameñas (Tratado de Asistencia Legal Mutual, TALM) y mandó a un equipo de expertos a recopilar datos. Los organismos judiciales se dieron a la tarea de rastrear, en compañía de los medios, las distintas dependencias de la Farmacia Fischel y las mansiones de sus altos ejecutivos.

Un esfuerzo conjunto que hacía ganar prestigio a las autoridades y al rol de cuarto poder de la prensa.

Por cada allanamiento que realizaban en San José, los fiscales se ganaban a la mañana siguiente un lugar destacado en la primera plana de *La Nación*, fotografía incluida. Para no ser mezquinos, todos los medios salieron a cazar información para registrar las más de veinte detenciones de reconocidos dirigentes y ejecutivos de la magnitud de Walter Reiche.

Desde ese instante se destacó también *Canal 7* que, sin disponer de una experimentada oficina investigativa, le dedicó parte importante de su tiempo al aire a desenredar el caso. El noticiero comenzó a revelar las compras innecesarias en los hospitales, como la llegada de máquinas de anestesia, camillas con ruedas o treinta aparatos de rayos X, cuando brillaban por su ausencia mamógrafos y salas de cirugía. La gente llamaba al canal a seguir denunciando anomalías hasta que los periodistas televisivos también dieron con las cuentas en el exterior y partieron a desentrañar esa trama de cuello blanco que reposaba en Panamá.

Los equipos periodísticos de *La Nación* y de *Canal 7* y los fiscales de delitos económicos se volcaron hacia Panamá luego de cuatro meses agitados en Costa Rica por culpa de la casa con vista a los campos de golf. Tanto los reporteros de prensa escrita como los de televisión arrastraban la intención de comprobar en la capital panameña el rumor de que las cuentas bancarias salpicaran el nombre del ex presidente Rafael Ángel Calderón.

El chisme de su cuota ilegal sonaba fuerte por esos días de septiembre, como también, según consta en el expediente judicial 04-5356-042-PE, las urgentes gestiones que hizo el propio Calderón ante la entonces presidenta panameña Mireya Moscoso, luego de conocer la solicitud de levantar las actas financieras de la cuenta número 1300000193 a nombre de Marchwood Holdings: "Rafael Ángel Calderón también llamó por teléfono a Anabella Díaz, asistente de la aún en ese momento Presidenta de Panamá, Mireya Moscoso, con el fin de detener la apertura de cuentas bancarias. Ambas mujeres se encontraban juntas al momento de la llamada. Sin embargo, según se indicó al coimputado Calderón Fournier, la información ya se había entregado", escribe la juez en el expediente con el cual se ordenó la prisión preventiva a Calderón.

El ex presidente tenía razones de sobra para estar preocupado. Varios giros de Marchwood Holdings habían ingresado a Sultana Panamá, una firma que le pertenecía a su familia desde 1986. La conclusión de la investigación judicial sostuvo que estos depósitos en las cuentas de Calderón eran, en efecto, el pago de la comisión ilegal por sus gestiones para sacar adelante el proyecto Finlandia.

La acusación judicial en su contra agrega:

> Al ver que no podía detener la entrega de la información, Rafael Ángel Calderón buscó en el directorio telefónico el número del consultorio del hermano del coimputado Walter Reiche Fischel, de nombre Óscar, con el fin de que éste le propusiera a su hermano que lo ayudara a encubrir los pagos realizados de Marchwood Holdings a Sultana Panamá, fingiendo que eran producto de una transacción de un hotel del que él [Calderón] era socio en Miami.

Hasta ese momento, la tríada de investigadores andaba tras la pista del dinero de las sociedades de Walter Reiche, pero todavía no anudaban las pruebas del primer débito de trescientos mil dólares girado desde la otra sociedad, Harcourt, a la cuenta número 1011004808 de Sultana Panamá en el Northern Trust Bank of Florida, perteneciente hasta agosto de 2004 a la familia Calderón.

Lo que ya no se podía ocultar eran los movimientos realizados por la empresa finlandesa Instrumentarium Medko Medical, ganadora del proyecto Finlandia, a las cuentas de Walter Reiche, por valor de 8.811.830 dólares en el año 2003. Para la justicia resultaba evidente el pago de comisiones por el negocio de equipos médicos.

En la mitad de este enredo financiero, desde la cárcel La Reforma el empresario Walter Reiche se decidió a desenredar la trama con la prensa, en una especie de *mea culpa* y limpieza de imagen. No con los periodistas de *La Nación*, quienes lo habían mostrado como un delincuente en la primera plana del periódico el día de su arresto, sino con *Canal 7*, que no tomó partido ese 3 de junio de 2004. Quienes vieron la fotografía del empresario a lo ancho de la primera página del matutino, donde aparecía esposado y rodeado de policías, justificaban su resentimiento frente al medio escrito.

La periodista televisiva Liliana Carranza y sus jefes lo mantuvieron como una de sus "gargantas profundas" todo el tiempo en que Reiche le entregó los detalles de la conexión Calderón – Fischel, hasta que el propio empresario aclaró su papel de informador en esta historia de pagos subrepticios.

El jueves 2 de septiembre de 2004, ya desembarcados en la capital de Panamá y con la pista del informante, el equipo de *Telenoticias* volcó sus energías hacia la sociedad de nombre Sultana, perteneciente a la familia Calderón. En el registro comercial no encontraban nada sospechoso, pues su fuente no advirtió el cambio de nombre de esta empresa tras recibir los dólares provenientes del país escandinavo. En las oficinas centrales del canal, en San José, se discutía cómo lanzar el golpe periodístico al no tener pruebas concretas, sino meras acusaciones verbales. El asunto era que se meterían en problemas si la crónica no estaba bien amarrada, ya que enlodaba a uno de los hombres más poderosos del país.

Cisneros, Santos y Carranza no durmieron ese jueves ni mucho menos el viernes. En la mañana de ese día pudieron recabar más información sobre la sociedad panameña. Ya tenían la certeza de la transacción hacia Sultana, que había pertenecido a un primo del ex mandatario y a María del Rosario Calderón Fournier, su hermana.

"Aló, doña María del Rosario, la estamos llamando de *Telenoticias* para preguntar por la sociedad Sultana, en Panamá, que está a su nombre. Queremos saber si le pertenece", les dijo por teléfono y al rompe el director de *Telenoticias*.

Pero la maestra y su esposo tiraron el teléfono asustados, no sin antes aclarar que esa cuenta era del patriarca de la familia. Algo pasó dentro del clan, pues al poco rato, por medio de un comunicado público, "don Rafael" confirmó esta aseveración y sostuvo lo mismo que ya le había contado al director de ese informativo, Ignacio Santos, días antes: "Le insisto, se trata de un depósito personal por concepto de honorarios de asesorías", explicó el ex presidente.

El sábado 4 de septiembre estuvo rociado de *flashes* informativos desde la mañana anunciando que Calderón Fournier había recibido pagos por el caso Finlandia. Explotó en la emisión de las siete de la noche. Los reporteros de *La Nación* estaban aturdidos ante la contundencia de sus competidores. Fue un remezón tan grande que la avalancha de este suceso involucraría en los días siguientes a otros personajes de gran calibre, como el ex mandatario Miguel Ángel Rodríguez.

De Finlandia a Alcatel

Para la unidad investigativa de *La Nación* el reflector estaba dirigido exclusivamente en seguir indagando las cuentas panameñas. Con mayor razón después de que *Canal 7* destapó los hilos de Calderón Fournier en la historia. Por la onda expansiva de esa información, estaban heridos en el ego profesional.

Ignacio Santos, director de *Telenoticias*, le había anunciado a su colega y amigo Armando González, jefe de redacción de *La Nación*, que ese sábado, en mitad de la edición central de su noticiero, iba a mover sus manos para lanzarle una señal de burla. Amigos de copas y de recuerdos de su Cuba natal, ambos editores competían informativamente en ese país, y se podían dar el lujo de bromas secretas. Sólo ellos las comprendían. Así fue, y *La Nación* le respondió el miércoles siguiente en la página 2 al publicar un logo con una manito y la señal de victoria tras la publicación de las primeras pruebas escritas que implicaban a Calderón en Panamá.

Lejos de este juego de editores, para algunos allegados a los ex presidentes, detrás de las denuncias periodísticas se desnudaba una confabulación política y económica en contra de Calderón y de Miguel Ángel Rodríguez, en la que los medios de comunicación no hicieron otra cosa que servir de punta de lanza. Las palabras de William Gómez, director del periódico *La Extra* —el más popular de Costa Rica, con 158.000 ejemplares de tiraje diario, y el único matutino que publicó entrevistas con los ex presidentes en la cárcel— intentaron construir una tesis en la que la hipótesis central se sustentaba en un complot de parte de la clase dirigente con algunos medios de comunicación para sacar del escenario político a varios ex presidentes.

Gómez expuso como ejemplo una reunión secreta entre el entonces nuevo fiscal, Francisco Dall'Anesse, y altos mandos del canal de TV y de *La Nación*, en junio de ese año. El propósito de la cita en un elegante club capitalino, a juicio del director, fue unir fuerzas para la cascada de investigaciones que comenzaron a salir con la mansión de Eliseo. Como prueba del acto, Gómez mostró sobre la mesa de su oficina la trascripción de una conversación telefónica —publicada en *La Extra*— entre el fiscal y la codirectora del noticiero, Pilar Cisneros, en la que se cuadraba un encuentro informal "para conocerse".

Alejados de las acusaciones, y al tener todos los movimientos bancarios panameños, los reporteros de prensa escrita siguieron buscando más aristas para finiquitar la mejor historia de sus vidas. Pocas veces, pensaban, el periodismo podría ofrecer una oportunidad tan exquisita para utilizar todas las herramientas de la profesión que alguna vez aprendieron en la universidad. Era tanta la ansiedad y la adrenalina de ese momento que Giannina Segnini descuidó varias de sus labores cotidianas como mamá.

En esas estaban los tres comunicadores de *La Nación* cuando notaron algo extraño en las cuentas panameñas. Además de los giros para pagar las comisiones a los involucrados, existía una inusual entrada de dinero: un depósito de 430.000 dólares desde una desconocida compañía, Servicios Notariales QC, con domicilio en el pueblito de San Ramón, cerca de San José. En su afán por destapar más irregularidades, el equipo periodístico del *Canal 7* también golpeó las puertas de esta anónima firma, pero no obtuvo respuesta alguna. A esa compañía la envolvía un aroma a caño abandonado.

Hasta la redacción del diario, ubicada en el barrio Tibás, llegó por varias fuentes el rumor fundado de que esa extraña compañía pertenecía a Luis Adrián Quirós Carmona, cuñado del gerente general de la multinacional francesa de telecomunicaciones Alcatel en el país, Édgar Valverde.

Los reporteros se pusieron entonces a investigar todos los movimientos —entradas y salidas de dinero— de esta firma de San Ramón en los bancos, y les llamó la atención el nombre de una mujer extranjera en esa lista como receptora de dineros: Jean Philp Gallup. Se saltaron el paso de la información oficial. Al buscar en el directorio y encontrar el número telefónico de esta mujer estadounidense, la editora Giannina Segnini se enteró de que se trataba de la esposa de José Antonio Lobo, presidente del Instituto Costarricense de Electricidad (ICE), el cual había otorgado la licitación de cuatrocientas mil líneas móviles a Alcatel. El ICE, al igual que la CCSS, es un enorme elefante público con apetitosas contrataciones para los privados.

En la cuenta del ama de casa extranjera se registraba un jugoso depósito por 2.4 millones de dólares proveniente de Servicios Notariales QC. Así que luego de hablar por teléfono con la editora, la mujer hizo sus maletas y abordó el martes 28 de septiembre a las ocho y quince de la mañana un avión de Continental con destino a Nueva York. Sin una defensa planeada, dejó a su marido solo y con una úlcera crónica, enfrentando un escándalo nacional de varios millones de dólares, que saldría en el periódico en los días siguientes.

A estas alturas, los tres periodistas investigativos de *La Nación* no discutían la publicación de artículos con los consejos de redacción o con los jefes inmediatos, sino que reportaban directamente sus pasos al director, Alejandro Urbina, para evitar fugas. Tenían la experiencia de que tras unos consejos multitudinarios, la información privilegiada terminaba en oídos de la competencia.

La inusual entrada en la cuenta panameña desde Servicios Notariales QC permitió establecer un nexo entre los casos Alcatel y el del crédito finlandés: el ex director de la Caja, Eliseo Vargas, estaba metido de lleno en ambos casos. Cuenta Vargas en el expediente 04-053556-042-PE que para comprar la propiedad de Santa Ana le faltaba una porción del dinero en efectivo, ya que el pago por sus gestiones en el Caso Finlandia ascendía a 635.000 dólares, depositados en Panamá. En su afán por ser un destacado propietario, le solicitó al presidente de la Corporación Fischel y dueño de la sociedad panameña Marchwood, Walter Reiche, hacer unos depósitos extras por 430.000 dólares en esa cuenta. La suma provenía, dice el expediente, de sus gestiones políticas años antes, cuando estuvo al frente del Partido y alentó en el país el negocio con Alcatel frente a otros competidores como Ericsson y Lucent. Y como los pagos de la multinacional francesa los entregaba Servicios Notariales QC, fue fácil deshilvanar la conexión panameña de Eliseo hasta el caso Alcatel.

Para ese período ya estaba claro que la firma europea había pagado premios a varios personajes políticos a cambio de favores poco ortodoxos, y que la esposa de José Antonio Lobo había recibido una suculenta partida del contrato de líneas celulares. Sin embargo, no se palpaba en el ambiente que este segundo caso arruinaría por completo el nombramiento, el 15 de septiembre de 2004, en la secretaría general de la Organización de Estados Americanos, OEA, con sede en Washington, del también ex presidente costarricense, Miguel Ángel Rodríguez.

De la limusina a la perrera

Al ganar la elección de la OEA, en septiembre de 2004, el ex presidente Rodríguez gozaba de un prestigio bien justificado. Entre los círculos políticos del continente se le tachaba como un buen hombre y un buen gobernante.

Esta reputación no sirvió de mucho para que dos meses antes de su elección, en los pasillos de la OEA los empleados se mostraran algo nerviosos ante el futuro plan de gobierno de Rodríguez, que amenazaba con recortes de presupuesto y de trabajadores. Para empezar, había prometido bajarse el sueldo de diecisiete mil a diez mil dólares mensuales. Así que, para amainar los ánimos, tuvo una reunión a puertas cerradas con el personal antes de su posesión, de la cual salió aplaudido sin mucho júbilo, como un académico luego de una aburrida charla universitaria.

El día más feliz para el ex mandatario fue ese miércoles 15 de septiembre de 2004, cuando asumió los destinos de la organización. La fiesta y el protocolo quedarían para una semana después, el 23 de septiembre, por cuenta de las celebraciones patrias en México y en varios países centroamericanos. Qué importaba el silencio. Igual, el acontecimiento era un honor y, de paso, un blindaje.

Todavía Rodríguez no podía utilizar la mansión que había usado el colombiano César Gaviria en su prolongada estación de dos períodos al frente de la OEA. Tampoco se había ganado el derecho a recibir el salario de por vida de la institución o a utilizar la limusina Lincoln oficial con chofer exclusivo al volante.

Lo que realmente le importaba a Rodríguez era que desde la cima de Washington le sería más fácil eludir los problemas de su país. Por mandato de la OEA, sus preocupaciones cobrarían carácter más universal: el conflicto en Haití o la crisis en Venezuela. Esa fue su respuesta a la enviada especial de *La Nación*, la periodista Hazel Feigenblatt, en la sobria oficina del secretario general, cuando esta quiso meterlo al corral de las denuncias de corrupción del caso Finlandia, donde empezaba a ser apuntado su amigo y compañero de partido, Rafael Ángel Calderón, justo en la época en que él gobernaba. "Teníamos concertada la entrevista, pero nos dijeron que no podíamos hablar de Costa Rica", relata la reportera.

No resultaba extraño, pues Rodríguez no se había pronunciado días antes en un restaurante de San José, cuando fue abordado por una periodista política de *La Nación*, lo que lo obligó a escapar por la cocina. Menos aún, cuando asistió en un viaje relámpago esa misma semana a unas conferencias sobre el hambre dictadas en el edificio de Naciones Unidas, en Nueva York. Tampoco quiso hablar.

La verdadera fiesta diplomática se hizo en los salones de la OEA una semana después, con copas de vino, abrazos e invitados de todos los países miembros. Su esposa, Lorena Clare, estuvo en la puerta principal recibiendo a once presidentes, veintiséis cancilleres e invitados especiales. El bolivariano Hugo Chávez había cancelado su asistencia "por fallas en el avión presidencial". En ese momento, los murmullos de la celebración no se basaban en una mancha de corruptela, sino en los discutidos planes de presupuesto que anunciaban el recorte de unidades burocráticas y un ahorro de 2.3 millones de dólares anuales.

En medio del tumulto, la enviada de *La Nación* se acercó con la grabadora.

—¿Qué opinión tiene del caso Finlandia?

—En este momento estoy en otra cosa —alcanzó a decir Rodríguez antes de ser rodeado por varios allegados y salvado de las preguntas.

Al día siguiente, ya más relajado en su despacho, el octavo secretario general de la OEA le dijo a *La Nación*: "Con mucho gusto estaría conversando de esos temas, pero yo no conozco nada. Tengo dos meses de estar metido en la reestructuración profunda de esta organización".

Los medios costarricenses llevaban semanas buscando la pista de los dineros del caso Alcatel, y tras vincular a Jean Philp Gallup, la esposa estadounidense del presidente del ICE, con los pagos ilegales y su huida a suelo neoyorquino, la puerta quedó abierta para llegar hasta el último piso de este episodio delictivo. Cuentan los reporteros que Lobo, al verse acorralado, llamó al despacho del nuevo jefe de la OEA y le pidió un salvavidas. Del otro lado de la línea la respuesta fue algo así como: "Ese es su problema".

El flamante secretario general estaba en esos días saludando a los numerosos embajadores que llegaban al edificio de la 17th Street and Constitution Avenue con el ánimo de presentar saludos diplomáticos. No estaba para atender quejas de sus ex colaboradores, lo que en definitiva apresuró la explosiva declaración de José Antonio Lobo ante las autoridades.

Ese jueves 30 de septiembre de 2004, un desesperado Lobo fue presionado por los fiscales hasta que el ejecutivo limpió de toda culpa a su mujer, "intachable" en las andanzas de Alcatel. Por el honor de una familia metodista, Lobo, ex delfín de Rodríguez, declaró a las cuatro y quince de la tarde lo siguiente:

A la junta directiva del ICE entré en junio de 1999, después de renunciar como ministro de Vivienda, me nombró *(sic)* el presidente don Miguel Ángel Rodríguez y el Consejo de Gobierno. Con posterioridad a mi nombramiento, no preciso cuánto tiempo después, luego de que Alcatel ganó una licitación, me contactaron para decirme que tenía un premio. Lo consulté con don Miguel Ángel Rodríguez, le pregunté qué debía hacer. Me dijo que aceptara y que fuéramos en una relación de sesenta por ciento para él y cuarenta por ciento para mí.

A través de fuentes judiciales de la mayor credibilidad, los reporteros de *La Nación* lograron enterarse de que Lobo había salpicado a Rodríguez tan sólo unos minutos después de su declaración. Pero era un soplo telefónico, nada concreto ni con certeza absoluta. Por eso, hasta el anochecer, la primera página de ese viernes 1º de octubre era que el directivo del ICE involucraba al entonces gobernante de la OEA.

Sin embargo, Giannina Segnini no se quedó quieta con una información de terceros, así que molestó a sus fuentes con tal intensidad que antes de medianoche del último día de septiembre tuvo en sus manos la indagatoria completa de once páginas en la que Lobo explica con lujo de detalles las maniobras para obtener los premios.

El documento contenía tanta "dinamita" que provocó una junta editorial sin precedentes en el periódico. Asistieron los pesos pesados de *La Nación*, quienes se vieron obligados a trasnochar tal como lo hace un periodista con turno de noche. La primera medida de esa reunión fue parar las imprentas, sin importar que se perdieran miles de ejemplares que ya estaban listos para el despacho de madrugada. Valía la pena la jugada, pues saldrían a la mañana siguiente con la exclusiva de los pormenores de la declaración. Otro de los reporteros, Ernesto Rivera, se incorporó muy rápido al ajetreo de la sala de redacción y llamó a Rodríguez para escuchar de su boca que los pagos de Lobo —dos cheques a nombre de su esposa Lorena— eran un préstamo de amigos para su campaña electoral en el organismo internacional.

Lo que no sabía Rodríguez era que en ese punto en particular, su ex subalterno Lobo lo refutaba en los primeros párrafos de la indagatoria que registró este periódico. "Hace pocos días, pudo haber sido el viernes 17 de septiembre, creo que en la noche, Miguel Ángel me contactó telefónicamente y me dijo que me iba a hacer llegar un pagaré en el que hacía constar que él me debía a mí esos 82.000 dólares, que supuestamente yo le había prestado".

Con el gran titular de *La Nación*: "Lobo: Rodríguez exigió el sesenta por ciento del premio de Alcatel", el país convulsionó políticamente y todo el día los reporteros atendieron llamadas de los diarios *The Washington Post*, *The New York Times* y *Le Monde*, y de varias emisoras del continente, como *Caracol* de Colombia. Se trataba de la primera prueba de peso contra el hombre que pocos días antes había llenado de orgullo al país al ganar un cargo de talla continental. Los politólogos locales explicaban que la dignidad quedaba convertida en una farsa. En otras palabras, era una bofetada a la intocada reputación de la llamada "Suiza de Centroamérica".

Mientras los reporteros de *La Nación* se regodeaban con el éxito, en la redacción del popular diario *La Extra*, cercano a los dos ex presidentes conservadores y convertido en su vocero oficioso, algunos empleados trataban de enviarle algo de información fresca a Rodríguez para que estuviera al tanto de lo que el país respiraba. Los reportes eran en vano, ya que la "dinamita" de *La Nación* había sido rebotada por todas las agencias de noticias en los cuatro puntos cardinales, y la sede central de la OEA se llenó de inmediato de periodistas. Rodríguez optó por perderse del mapa durante una semana. Además, el fiscal Dall'Anesse también reaccionó ante la publicación del "60 – 40" y entró al ruedo ese mismo día, el 1 º de octubre, anunciando la apertura de un proceso contra Rodríguez por corrupción.

En Washington, luego de la primera página de *La Nación*, el experimentado chofer de la OEA utilizaba las entradas y salidas secretas para manejar con sigilo la limusina y burlar a la prensa. Los embajadores de distintos países se metían a la página *web* de este periódico en las mañanas a mirar lo nuevo del escándalo, y le pedían a la corresponsal en Estados Unidos información fresca. Los primeros días de octubre todo estaba a la deriva y nadie se atrevía a vaticinar un desenlace feliz. Las reuniones de la entidad, sin cabeza visible, versaban sobre las consecuencias de este patinazo, aunque nadie se atrevía a hablar por los micrófonos.

Lo poco que se podía rescatar en los pasillos de la organización era que Rodríguez emprendía una gira por Haití y Granada, pero que antes pasaría a visitar a una hija enferma de una rodilla en Houston, Texas. Ante esta situación, empezaron a surgir voces diplomáticas que calificaron el episodio de "preocupante", al igual que la del Presidente de Costa Rica, Abel Pacheco, quien se desligó de sus compañeros de partido y exigió, sin reparos, la renuncia de Rodríguez.

La Nación amplificaba las denuncias sobre la operación de premios que había hecho Alcatel, y a esa altura casi nadie dudaba de los pagos al ex presidente. Por eso sus explicaciones para mantener el sillón continental no le alcanzaron para resultar convincente en una reunión de urgencia que reclamó con todos los embajadores del sistema. Más bien, apresuró su determinación de enviar un escueto fax sin un origen establecido, bien temprano el viernes 8 de octubre, en el que dejaba presentada su renuncia para afrontar los problemas judiciales en Costa Rica y limpiar su buen nombre. Quería de alguna forma volver a las primeras cuadras de su mandato presidencial (1998-2002), cuando su imagen gozaba de gran popularidad al impulsar el código de ética para los funcionarios costarricenses.

Estos son algunos apartes de su dimisión, remitida al presidente del Consejo Permanente de la organización, el panameño Arístides Royo:

> Se me ha relacionado con una investigación sobre pagos a diversas personas efectuados por proveedores de entes públicos de Costa Rica. Se me abrían dos caminos. Permanecer en la Secretaría para estar en capacidad de continuar impulsando las reformas preparadas con tanto cariño y tiempo, asumiendo a la vez en lo personal mi lucha por la exoneración de esos dichos, o separarme del cargo para consagrarme exclusivamente a mi defensa y a la aclaración de los hechos ante las autoridades judiciales costarricenses (…).
>
> Por ello, no quiero someterla [a la OEA] al costo de una cruel y larga persecución de su secretario general no sólo en los estrados judiciales sino también en los medios, del mismo modo que no quiero hacer sufrir a mi amada familia el costo de una defensa a la distancia (…).
>
> Por lo anterior, y con profundo dolor que es sólo comparable en su intensidad a la gratitud con usted, señor presidente del Consejo Permanente, con sus colegas embajadoras y embajadores representantes permanentes, sus jefes de gobierno y sus cancilleres, renuncio al cargo de secretario general de la Organi-

zación de Estados Americanos a partir del próximo 15 de octubre.

Rodríguez no se esperaba que un juzgado de San José le dictara orden de captura internacional unas horas después del envío del fax, por los delitos de corrupción, cohecho y enriquecimiento ilícito. La medida tendría vigencia, una semana después, el 15 de octubre, cuando terminara su inmunidad diplomática. "En ese momento mandamos una carta al fiscal señalándole el día que yo voy a venir y diciéndole que tengo todo mi interés de presentarme ante el Ministerio Público", diría tiempo después el inculpado en una entrevista a *La Extra* desde la cárcel.

Mientras en la OEA se paseaban los murmullos por los posibles sucesores de Rodríguez, en la nación más tranquila de Centroamérica se empezaba a agitar el ambiente ante la posible llegada del ex mandatario. Enviados de todo el mundo, CNN a la cabeza del pelotón de los medios, habían aterrizado en suelo costarricense tras el anuncio del ex mandatario: "El viernes estaré allá y me pondré a la orden de los fiscales".

Tanto *La Nación* como *Telenoticias* advertían que la inmunidad que expiraba ese día no le serviría de mucho una vez aterrizara en el aeropuerto internacional Juan Santamaría. Miguel Ángel Rodríguez no hizo caso a los anuncios de la prensa luego de un fin de semana de meditación, con lunes feriado en Estados Unidos, y se fue a recoger sus tiestos a Washington con el propósito de finiquitar su estadía en esa capital.

Se despidió de sus cercanos, compró un tiquete de avión en Taca y partió rumbo a su calvario. En su viaje de primera clase sólo se acompañó de la lectura del libro de superación *Life of PI,* sin saber que en su única escala, en San Salvador, ya lo esperaban las cámaras y las grabadoras.

Justo ese día, Gustavo Marín, editor de fotografía del diario local *Hoy* —perteneciente al grupo *Nación*— viajaba a San José, por lo que acomodó su tiquete para volar en el mismo trayecto de la aerolínea Taca hacia Costa Rica.

Bien entrada la mañana, y pese a que la administración del aeropuerto trató de proteger al ex mandatario y llevarlo al salón VIP, cerca de la puerta 8, los periodistas y camarógrafos pudieron enfrentarlo antes de que cruzara el límite de la sala 11, lugar de embarque para retomar el avión. Montado como pasajero en un ligero carrito de maletas, y abriendo paso entre los curiosos, el vehículo alcanzó a atropellar a dos reporteros, mientras Rodríguez evitaba todas las preguntas.

—¿Qué le va a pasar en Costa Rica? —le alcanzó a gritar Marín, pero el viajero especial arrugó el ceño y se metió raudo a tramitar el chequeo.

A duras penas, lograron subir en el mismo vuelo unos cinco representantes de la prensa, pero les prohibieron las fotos y las tomas de video. De entrevistas, ni hablar. Los dejaron en clase económica, muy lejos de los asientos privilegiados. Desde la cola de la aeronave se alcanzaba apenas a divisar a Rodríguez leyendo el libro de autoayuda o tecleando su *noteboook*. Mostraba serenidad interior, pese a intuir lo que venía.

Quizás ya estaba enterado, por sus contactos locales, que dos semanas atrás agentes del Organismo de Investigación Judicial (OIJ), ejecutores de la misión, tenían todo perfectamente planificado para su llegada. Sin embargo, era difícil que supiera que una llamada telefónica contestada por el jefe del aeropuerto privado de San José, alguien muy cercano al Gobierno de Pacheco, había posibilitado la labor de los periodistas para que se acomodaran en primera fila: en plena pista de aterrizaje. La orden pretendía que las cámaras no se perdieran un segundo del arresto.

De modo que cuando aterrizó la nave de Taca a las dos y veinte de la tarde, las cámaras se encendieron y todo el planeta pudo ver cuando los oficiales subieron al avión a realizar su trabajo.

—Don Miguel Ángel Rodríguez, usted queda detenido a la orden del Ministerio Público —le dijo un agente judicial.

—¿Qué es esto? ¿Un *show*? —respondió indignado—. Ustedes no me pueden arrestar porque todavía soy secretario general de la OEA.

—Lo siento, pero tenemos que seguir el procedimiento —le replicaron antes de ponerle las esposas.

—¡Quiero hablar con mi abogado!

—Efectivamente es un derecho que usted tiene. El licenciado lo está esperando en las oficinas del Ministerio Público.

La conversación siguió para pedirle que se pusiera un chaleco antibalas, pero el imputado se negó. Prefirió mostrarse con un vestido gris y con la corbata negra que siempre llevaba, en señal de luto por la muerte de un hijo en 1977 tras la caída de un caballo.

Con las esposas ante las cámaras y bajando las escalinatas era suficiente. Sin duda, no se percató de que iba a ser subido a las incómodas "perreras", unos furgones verdes que trasladan presos todos los días, y tampoco que durante el trayecto a 120 kilómetros por hora la gente iba a salir a las calles a gritarle insultos, como a cualquier delincuente.

Frente a las pantallas gigantes de televisión del centro de San José, especiales para ver los partidos de fútbol de la "sele", los habitantes se paralizaron. No aplaudieron, no se alegraron. El carácter del costarricense mostraba vergüenza, indignación, salvo uno que otro reportero que desde la sala de redacción de algún periódico expresaba con las palmas su visto bueno por una acción de fuerza poco vista en ese territorio.

—¡Bien hecho! —exclamó en la oficina uno de los compañeros de trabajo de María Gabriela, la hija de Rafael Ángel Calderón.

—¡Cómo que bien hecho! ¿No te das cuenta que lo están sentenciando sin un juicio? —le gritó una preocupada hija que presentía la encerrona a su propio padre.

En menos de cinco minutos la vida de Miguel Ángel Rodríguez cambió de raíz. Una semana después, lo acompañaría efectivamente el ex presidente Calderón en la incómoda celda de La Reforma que, posteriormente, a ambos les sería conmutada por prisión preventiva en sus respectivos domicilios.

Desde la cárcel intentarían mover sus hilos para destronar a las personas que habían planeado las caídas de ellos, los hombres más poderosos de Costa Rica. En ese afán, la prisión de estos dos hombres desencadenó una cacería de brujas que acusó a las aspiraciones reeleccionistas del otrora premio Nobel de la Paz, Óscar Arias, como la mano invisible detrás de este escándalo político. También los disparos al aire no dejaron de lado a los dueños de *La Nación*, perteneciente a un grupo empresarial con varios negocios en el istmo.

El primer llamado de alerta lo publicó el diario *La Extra* en febrero de 2005, al sacar a la luz pública una investigación judicial que actualmente compromete al diario *La Nación* en un caso de no declaración de impuestos por la supuesta venta de rotativas por varios millones de dólares.

La escisión en la tradicional clase política costarricense es una pelea de titanes que aún no termina, en la que cada año se conocen nuevos nombres. Como el del ex presidente liberacionista José Figueres, gobernante entre 1994 y 1998, quien fue involucrado, el 27 de octubre de 2004, en una investigación por el mismo caso Alcatel. El periodista de *La Nación* Mauricio Herrera y sus compañeros de trabajo encontraron varios desembolsos de la compañía francesa por concepto de unas asesorías por novecientos mil dólares entre los años 2000 y 2003. En teoría, se trataba de unos pagos a la empresa HF Disa, que pertenecía a Roberto Hidalgo, hombre muy cercano a los círculos de Figueres. En los hechos que destaparon los reporteros, esta prestación de servicios no se limitaba a unas consultorías en la promoción de telecomunicaciones realizadas por Figueres en varios países del mundo, sino que consistía en un pago escondido por apoyar la presencia y los negocios de Alcatel en el país.

Herrera, con varios casos destapados en su hoja de vida profesional, se fue a la casa de Hidalgo, tocó a la puerta y le comentó, por medio de un empleado, que venía a hablar de los pagos. "Pase, que el señor quiere hablar con usted", le dijeron enseguida, como si lo estuvieran esperando.

A Hidalgo no le quedó otra salida que destapar el cuento completo de dos pagos: una de las asesorías estaba incluida bajo el mote de "traducción", y le correspondía a la filóloga Carmen Valverde, hermana del director de Alcatel en Costa Rica, Édgar, nada menos que el mismo personaje, hoy entre rejas, del caso "60 – 40" que había involucrado a Rodríguez. El otro contrato de servicios fue acordado directamente con Hidalgo, quien sostuvo que en un acto de buena voluntad subcontrató a Figueres para promover tecnologías de la información. Para los acusados, se trataba de negocios privados y legales. Para los reporteros, al menos denotaba una relación impropia en la retórica del ex presidente socialdemócrata al hablar de telecomunicaciones por el mundo y recibir pagos de una compañía con jugosos negocios en su país.

Tras la misma pista andaba Liliana Carranza, de *Telenoticias*, quien casi en forma paralela pudo desentrañar la magnitud de estas asesorías tan onerosas para ser unas traducciones, y tan etéreas como para convertirse en un apoyo en temas universales. Es más, cuando el periodista de prensa escrita Mauricio Herrera estaba escuchando las explicaciones de Hidalgo, la reportera televisiva se encontraba en la puerta de esa casa buscando la misma información. Se pisaban los talones en esta investigación periodística que terminó, como la formación de fichas de dominó, con la caída en cascada de tres colosos.

Lo bueno es que, ante estos resultados noticiosos, el equipo de investigación de *Telenoticias* logró gran reconocimiento en el canal. En los meses siguientes, se destinó a dos periodistas con dedicación exclusiva para profundizar en temas más espinosos, y se le brindó a este equipo un espacio físico solitario con oficina, mesa redonda y cubículos propios. Según Liliana Carranza, la nueva encargada de la oficina, fue tanta la reputación que ganaron por destapar las relaciones de ex presidentes con casos de corrupción, que los ejecutivos del canal han tomado como una de las prioridades del noticiero este tipo de investigaciones.

El periódico *La Nación* también se benefició por liderar las denuncias. Su equipo de "perros guardianes" ganó en mayo de 2005 el premio a la mejor investigación periodística de América Latina, que entregan Transparencia Internacional y el Instituto Prensa y Sociedad (IPYS). Unos días antes, por el mismo tenor, la unidad investigativa recibió una llamada desde Madrid para felicitarla por haber obtenido el galardón Ortega y Gasset de periodismo.

Como una consecuencia paralela, los trabajos reporteriles obligaron al ex presidente Figueres a dejar la dirección del Foro de Davos, en Suiza, el mismo que reúne todos los años a importantes líderes mundiales para discutir políticas económicas y, como contraparte, a miles de protestantes antiglobalización. Este revés en su carrera diplomática, sin embargo, no lo alentó a abandonar el viejo continente y regresar a su país, donde existe una posibilidad cierta de que lo arresten por varios juicios en su contra.

Tal como se lo advirtió a un pariente suyo la hija de Rafael Ángel Calderón: "Dígale que mejor ni se aparezca por acá, pues lo van a atacar sin compasión". En sus palabras estaba el recuerdo del circo mediático, las esposas y los meses de cárcel de su padre y de Miguel Ángel Rodríguez. Y parece que le hizo caso, porque todavía no ha tomado el avión que aterrice en ese aeropuerto rodeado de cerros, donde seguro lo estarán esperando nuevamente la prensa, varios agentes policiales y las infaltables "perreras". Por lo menos para los reporteros de investigación de ese país, esta historia aún no está cerrada.

ARGENTINA

Nombre: Carlos Saúl Menem

Fecha de nacimiento: 2 de julio de 1930 en Anillaco, Argentina.

Profesión: Abogado de la Universidad de Córdoba

Período de gobierno: 1989-1999 (dos mandatos)

Acusación: Fue condenado como jefe de una asociación ilícita para la venta de armas a Ecuador y Croacia.

Situación actual: Luego de estar bajo arresto por seis meses en una quinta campestre, partió a Chile y ha intentado regresar a la política activa en su país.

Huellas borradas con sangre

LA HISTORIA OFICIAL DE SU MUERTE, esbozada apenas en el acta de levantamiento y en el protocolo de necropsia, contrastaba con los hábitos de vida que sus amigos le conocieron a Lourdes Di Natale, durante diez años asistente personal de Emir Yoma, uno de los hombres más poderosos de la Argentina durante el Gobierno de Carlos Menem.

Acogidas inicialmente sin reservas por el fiscal de trámite, las versiones policial y forense indicaban que Lourdes, ebria y semidesnuda, cayó la noche del sábado 1º de marzo de 2003 desde el décimo piso de un edificio de departamentos en Mansilla y Pueyrredón, en el centro de Buenos Aires, mientras intentaba cortar el tendido de la televisión por cable para perjudicar a sus vecinos, con quienes reñía a menudo. Las fotos con las que se abría el expediente mostraban junto al cuerpo, que yacía en el patio interior del conjunto, un cuchillo Tramontina usado por ella para darle vuelo al trance de ira que le costó la vida.

Sobrecogido por la sorpresa, el periodista Jorge Urien Berry, del diario *La Nación*, se enteró el lunes 3 de lo ocurrido. La Policía informó con casi cuarenta y ocho horas de retraso, y quizá por eso los medios de comunicación no dijeron nada durante el fin de semana, pese a que la víctima tenía una connotación especial por su calidad de testigo destacada en los procesos penales seguidos a Menem y a algunos de quienes fueron sus ministros o asesores por la venta ilegal de armas a Croacia y Ecuador y otros hechos de corrupción. Cuando las dudas y el escepticismo sobre el hecho comenzaban a asaltarlo, Urien recordó la conversación telefónica que tuvo con Lourdes un día antes de su muerte.

—Jorge, sé que vas a viajar a Montevideo. No dejés de visitarme antes de irte porque quiero encargarte una gestión —le dijo la ex asistente de Yoma.

—Claro, Lourdes, pero por qué tan secreta la gestión, ¿me podés adelantar algo? —le preguntó el periodista, un tanto en broma, pero con una mal disimulada ansiedad.

—Vos sabés que este teléfono tiene altoparlantes ocultos, pero te anticipo que es materia de un quilombo —le respondió ella, obsesionada con la idea de que su ex jefe Yoma aún conservaba contactos dentro del SIE, el servicio de inteligencia argentino que durante los diez años del régimen menemista jugó un papel clave en el ocultamiento de rastros sobre manejos oficiales poco ortodoxos.

Urien Berry y otros periodistas, que tenían a Lourdes Di Natale como una fuente confiable, le oyeron decir varias veces que había puesto bajo custodia de un escribano en la capital uruguaya pruebas sobre el compromiso de Yoma, ex cuñado de Menem, y de otros de sus familiares y personas ligadas a los círculos de poder con el lavado de activos, pago de coimas y falsificación de documentos relacionados con un escándalo que puso fin a los años de Gobierno de

Carlos Saúl Menem: una venta masiva e ilegal de armas a Ecuador y a Croacia.

A Adriana Meyer, redactora del periódico *Página 12*, le contó en una entrevista formal que uno de los testaferros de Yoma era la secretaria de este, Aurelia Hoffman, a quien le había confiado el manejo de algunos bienes dentro del país y otros en el exterior, entre estos casas de veraneo en el balneario uruguayo de Punta del Este. En octubre de 1999, Lourdes prendió el ventilador de sus denuncias, aunque ya medios de comunicación, como el diario *Clarín*, llevaban bien avanzadas sus pesquisas sobre el caso de las armas. Contó en una entrevista con la revista *Noticias* que Emir Yoma era el encargado de cobrar las comisiones por la venta de armas, y que lo hacía a través de bancos y empresas de papel en Uruguay.

Lourdes era para los reporteros de investigación una típica fuente de aquellas que el periodista y escritor argentino Daniel Santoro clasifica como "viudas del poder". Es decir, alguien que mientras pertenece a privilegiados círculos de decisión mantiene un silencio solidario frente a todas sus prácticas, pero que, cuando por cualquier razón es excluido de ellos, decide hablar a manera de retaliación. Algo así ocurrió con esta mujer que, en 1987, a los 27 años, dejó su carrera como modelo para irse a trabajar con Emir Yoma, a quien había conocido en una reunión social. Aquella era la época en que Carlos Menem, gobernador de La Rioja y delfín por adopción del peronismo, se perfilaba como el más opcionado candidato a la Presidencia de su país.

Allegados a Giuseppe Di Natale, su padre, recuerdan que Yoma y su amigo Ramón Hernández, quien llegaría a convertirse en secretario privado de Menem en la sede de gobierno, la vincularon a la campaña y después del triunfo le ofrecieron encabezar el equipo de secretarias de la Casa Rosada, oficio cuyo énfasis sería el de las relaciones públicas. El cargo fue descartado cuando Lourdes, una espigada rubia de ojos celestes, cayó en desgracia con Hernández por rechazar sus devaneos. Emir, hermano de Zulema, entonces primera dama de la Nación, la convirtió en su asistente personal, y le cumpliría con el tiempo el anuncio con el que la recibió: "Serás testigo del apogeo de mi familia, de su nombre y de sus empresas, durante el mandato de mi cuñado".

La joven manejaba la agenda de su jefe, tanto en el campo de sus negocios, que tenían como puntal una empresa de curtiembres en Nonogasta, provincia de La Rioja, como en el de las relaciones con el Gobierno, en el que Emir fungía como asesor presidencial y era una especie de superministro sin cartera. Más que en su mano derecha, se convirtió pronto en la depositaria de sus secretos, algunos de ellos con rango de Estado. Allí conoció al abogado Mariano Cúneo Libarona, quien haría fortuna a la sombra del Partido Justicialista y de su relación con Yoma, y se enamoró de él. Tuvieron una hija, que al momento de la muerte de Lourdes tenía 10 años. Fue una relación tormentosa que devino en separación, tras la cual quedarían en orillas diferentes. Ella, enferma de una úlcera crónica y abandonada, no recibió salario durante una prolongada incapacidad y no pudo recuperar su empleo porque Emir se solidarizó con su amigo. Él, dedicado a defender a Yoma ante los tribunales y a contraatacar a Lourdes desde el día que ella decidió hablar.

Su condición de "viuda del poder", que hacía que los medios informativos la oyeran con prevención, no la inhibió para conseguir eco en la justicia. Protagonistas del escándalo por el tráfico de armas terminarían ratificando lo que ella decía. El banquero Pedro Stier declaró el 5 de noviembre de 2001 ante el juez de la causa que parte de las comisiones ilegales por la venta de las armas eran consignadas por Diego Palleros (un teniente coronel que después de su retiro del Ejército argentino se convirtió en un reconocido traficante de armas) en la financiera Multicambios y giradas luego al MTB Bank de Nueva York y retiradas de allí por representantes de la firma Yoma S. A.

Mientras Lourdes le entregaba a periodistas de la Unidad Investigativa de *La Nación* copias de la agenda de su ex jefe Yoma, que confirmaban sus frecuentes encuentros con sus contactos en el trasiego de la armas, y juraba ante los jueces que Mariano, su ex novio, le había contado en momentos de intimidad que las comisiones iban a parar a las manos de Yoma, los investigadores judiciales hicieron una verificación clave. Constataron que las transferencias de Palleros iban a una cuenta de Hayton Trade, empresa uruguaya *off shore,* y de allí al MTB Bank, donde el dinero era retirado por emisarios de Yoma.

Esos antecedentes desfilaron por la mente de Jorge Urien Berry la mañana que se enteró del triste final de Lourdes Di Natale. Con la tragedia se frustraba también una nueva diligencia, programada para el 17 de marzo de 2003 en los despachos judiciales de la calle Comodoro Py, en la que ella ampliaría sus denuncias sobre temas sensibles, como las circunstancias que rodearon la explosión de la fábrica militar de Río Tercero, en Córdoba, ocurrida el 3 de noviembre de 1995. Según las investigaciones de un equipo comandado por Urien, el siniestro fue determinado por manos criminales que pretendían borrar pruebas sobre el tráfico de armas. De acuerdo con el periodista, amigos de Menem veían con inquietud el papel de la testigo, pues en abril siguiente el ex presidente buscaría reencaucharse políticamente a instancias de las elecciones parlamentarias.

El periodista estaba casi convencido de que Lourdes le iba a encomendar que recogiese en Montevideo pruebas sobre ese caso y sobre entuertos que habían quedado sin resolución desde 1999, cuando Menem cumplió dos mandatos consecutivos y vio frustrado su deseo de hacerse elegir para un tercer período. Entre ellos se contaban anomalías en los procesos de privatización de empresas y servicios del Estado y pagos de sobornos para ablandar a jueces que investigaban esos y otros actos de corrupción. Sus conclusiones provisionales lo llevaron a formularse una hipótesis de trabajo periodístico: la muerte de Lourdes no era un suicidio, sino un asesinato. Y se dispondría a probarlo.

La hipótesis parecía fortalecerse en la medida en que se ataban más cabos. La primera vez que Di Natale se lanzó al ruedo de las acusaciones, en 1999, Yoma —que más adelante, en abril de 2001, estaría provisionalmente en prisión— la fustigó con sucesivas querellas, asistido por su amigo Mariano Cúneo. Entre los dos consiguieron que un siquiatra médico legal declarara que la denunciante presentaba "características paranoides". Luego, como ella persistía en su batalla legal, consiguieron que vecinos de su apartamento —que más tarde se mostrarían arrepentidos— declararan que no era una persona apta para vivir en comunidad, pues solía protagonizar escándalos en su hogar y darle mal ejemplo a su hija menor de edad con una vida licenciosa. Esas declaraciones no sólo la envolvieron en una disputa con el consorcio administrador del edificio, sino que la llevaron a perder la patria potestad de su pequeña. Cúneo, que a raíz de los enfrentamientos suspendió el pago de la cuota alimentaria para la niña, quedó a cargo de ella.

En diciembre de 2002, cuando pidió ser citada de nuevo ante el fiscal instructor y el juez del caso de las armas, alguien arrojó por debajo de la puerta de Lourdes un libro de poemas en que estaba señalado uno alusivo a una mujer que caía al vacío en procura de una "paz" que sólo le dispensaría la muerte. Ese mismo día, la Gendarmería de Buenos Aires le había retirado la escolta que ella pidió tras recibir amenazas telefónicas.

En sus ediciones de la primera semana de marzo, los diarios argentinos plantearon algunas dudas sobre la muerte de la ex secretaria de Yoma a partir de los antecedentes, aunque ninguno ahondó en las circunstancias.

Carlos Donoso Castex, fiscal delegado para la investigación, no autorizó el sepelio de Lourdes y retuvo el cadáver durante quince días para pruebas forenses adicionales. Al final, sin embargo, consideró probado el "accidente", cerró el caso y envió el cuerpo para sus funerales en el cementerio San Rafael de Mendoza.

Con una copia de la necropsia en la mano, Jorge Urien Berry buscó en Belgrano a un experto en ciencias forenses, quien le había prometido que le ayudaría en sus averiguaciones de manera confidencial. Esperó a que este terminara una práctica con sus alumnos en el laboratorio anexo a un anfiteatro. Allí, en medio de un ambiente dominado por un olor a formaldehído, el periodista y su fuente hicieron un inventario de posibilidades.

El experto se concentró en un párrafo del dictamen oficial en el que se leía: "... la víctima presenta 3,5 gramos por litro de alcohol en sangre y de ello se deduce que la víctima estaba, antes de su deceso, dentro de la tercera fase del período llamado ebrioso agudo". Lo resaltó con marcador amarillo y planteó una primera duda.

—¿Qué querés que te diga? Afirmar, sin más elementos, que hay evidencia de un asesinato, no sería responsable de mi parte. Pero no te niego que discrepo de entrada de alguna apreciación del patólogo, rayana con lo ridículo si se compara con la conclusión del fiscal sobre un accidente —le dijo el experto a Urien.

—¿Cuál, doctor? —inquirió el periodista.

—Si es verdad lo del grado de alcohol en sangre, esta mujer, de apenas cuarenta y cinco kilos de peso estaba próxima a un estado comatoso. Y si, como me contás, estaba haciendo maromas en la ventana del décimo piso, no entiendo de donde sacó energía y conciencia para treparse a cortar un cable.

"O sea que también es improbable que Lourdes se convirtiera en la mujer elástica para alcanzar los cables que pasan como a tres metros de la medianera del edificio", pensó Jorge en voz alta.

De hecho, el periodista conocía bien el departamento de Di Natale, pues la había visitado con frecuencia cuando recavaba información sobre el caso de las armas. Le pidió a su reportero gráfico hacer unas fotos externas del edificio para ilustrar sus dudas, y con las mismas cuestionó la verdad oficial sobre su muerte. El cable externo de televisión estaba en verdad lejos de la ventana, pero cuando Jorge Urien inició una serie de publicaciones sobre el tema recibió una llamada de un residente del edificio que le informaba que una mañana, antes de una inspección judicial dispuesta por el fiscal que investigaba la muerte de Lourdes, desconocidos habían modificado el tendido y pasado un cable justo sobre el muro exterior del departamento.

Susana Bruno, una de las mejores amigas de la víctima desde la época de la primera campaña presidencial de Menem, le confirmó que ésta jamás consumía licor. "La vi por última vez el viernes, víspera de su muerte. Estaba en la verdulería comprando limones", recordó Susana. Al inspeccionar el departamento de Lourdes, lo único que la Policía encontró de beber fue una jarra de limonada dentro de la nevera. No halló botellas ni copas de licor.

"Para nosotros se trata de un homicidio, y no descartamos que la cantidad inusitada de alcohol que presentaba el cuerpo se la hayan introducido con una sonda nasogástrica", aventuró Rodolfo Chimerri Sorrentino, abogado de la familia Di Natale.

El cuadro de dudas se reforzó el día en que la Fiscalía autorizó a José Di Natale, hermano de Lourdes, a entrar al departamento para recoger algunos efectos personales. José encontró dos extraños aparatos metálicos. Uno estaba oculto dentro de la caja de la persiana de la sala y el otro empotrado en la pared de la cocina, detrás de la lavadora. Por iniciativa de su padre, los hizo examinar de un oficial que había trabajado para los servicios de inteligencia. "Son micrófonos —le confirmó este— y están habilitados para transmitir en secreto a una distancia máxima de ochenta metros, así que el receptor debe estar muy cerca. Son de alta tecnología y pueden valer, incluido el receptor, cerca de mil dólares. En nuestra jerga les llamamos 'plantados' y consideramos que tan importante como 'plantarlos' es 'desplantarlos'. Nunca se dejan".

Antes de la muerte de la ex asistente de Yoma, la Unidad Investigativa de *La Nación* había recibido, de una fuente que pidió permanecer en el anonimato, una versión según la cual Lourdes solía grabar sus conversaciones con los periodistas, y prometió a las autoridades copias que nunca aportó. Sin razones de fondo, aunque con sentido práctico, según ellos, sus periodistas consideraron poco confiable la información, entre otras cosas porque la penosa situación económica que enfrentaba la mujer difícilmente le permitiría darse el lujo de comprar un juego de casetes.

En su pliego de dudas periodísticas, Urien recavó en las semejanzas que habían rodeado las muertes de Di Natale y del sirio Ismail Khalil El Kchoure, miembro arrepentido de una red de traficantes de drogas y armas dirigida por Monzer Al Kassar. En la causa de las armas, Lourdes declaró que Al Kassar, oriundo, como los Yoma, del poblado sirio de Yabrud, visitaba con frecuencia a Emir y arreglaba negocios con él. A comienzos de 2000, Khalil El Kchoure, quien trabajó para Al Kassar, iba a declarar en contra suya, pero murió al caer de un cuarto piso. La autopsia "reveló" que se encontraba en coma etílico, iniciado unas dos horas antes de su muerte. Pero jamás precisó cómo hizo la víctima para llegar hasta la ventana desde la que se precipitó al vacío.

En medio de las revelaciones periodísticas, el fiscal desarchivó el expediente y modificó gradualmente la presunción sobre la causa de la muerte de la mujer. De "accidente" la pasó a "posible suicidio" y luego a "presunto homicidio". El proceso seguía abierto a comienzos de 2006, pero ningún peso pesado del menemismo había sido vinculado.

El de Lourdes Di Natale es uno de los casos más representativos de aquellos cuyos expedientes, que dormían en los anaqueles del olvido, fueron reabiertos gracias al impulso investigador de los medios de comunicación argentinos. Hasta ese momento, la prensa bonaerense hacía un inventario de veintinueve testigos o protagonistas de casos de corrupción política en el país, muertos en circunstancias oscuras y en momentos que coincidían con la llegada de las investigaciones judiciales a sus picos más altos, es decir, cuando las diligencias vinculaban a personas de confianza de Menem. El denominador común era que estos casos se rotularan con el título escueto de "suicidios".

José Vales, corresponsal en Argentina de varios medios extranjeros, acuñó una denominación que ha hecho carrera: "El club de los suicidas del menemismo". Entre los nombres inscritos en él figura el de Marcelo Pablo Cattáneo, empresario cabeza de las firmas Consad y CCR, ligado al pago de millonarios sobornos que rodearon la adjudicación a la multinacional IBM de un contrato para sistematizar los procedimientos del Banco de la Nación. El domingo 4 de octubre de 1998, Cattáneo apareció colgado de una cuerda de nailon atada a una antena de televisión de la Ciudad Universitaria, a orillas del río de La Plata. Para el día 8 el empresario había programado comparecer ante el juez de la causa "con espíritu de colaboración", según les dijo previamente a varios reporteros. Su cadáver sostenía entre los dientes un recorte del diario *La Nación* que informaba sobre su participación y la de miembros de su familia en los hechos que suscitaron el escándalo.

En su libro *Menem, la vida privada*, la periodista y abogada Olga Warnot asegura que la muerte de Cattáneo fue celebrada por Emir Yoma. "¡Me salvó el ahorcado!", exclamó un exultante Yoma ante sus amigos, según el relato de la autora.

"Socios" del mismo club son el brigadier Rodolfo Etchegoyen y el financista Mariano Perel. Experto en prácticas de polígono con su diestra, Etchegoyen, director nacional de aduanas, decidió darse un tiro con la mano izquierda cuando avanzaba la investigación sobre la existencia de una aduana paralela contaminada por el narcotráfico. "Voy a demostrarle a la Argentina que con drogas no transijo", había declarado pocos días antes de su fallecimiento. Perel y su esposa aparecieron muertos en un hotel del balneario Pinamar, mientras una comisión especial del Congreso, encabezada por la diputada opositora Elisa Carrió, investigaba operaciones de lavado de dinero que involucraban a agentes del Gobierno Menem y a empresarios afectos a él.

Junto al caso de Lourdes Di Natale, el efecto reanimador ejercido por una prensa escrutadora sacaría de un sueño, que parecía perpetuo, otros dos episodios relacionados con aparentes intentos de hombres del menemismo por borrar con sangre las huellas de sus acciones. Mirados en retrospectiva, los más significativos son el siniestro de un helicóptero militar que llevaba a bordo a potenciales testigos en el caso de las armas. Otro, el de la destrucción con explosivos de una base militar en la que se maquillaron armas de contrabando que llegaron a pesar 6.500 toneladas.

Siniestro en Río Tercero

Las horas previas a la trágica explosión del cuartel de Fabricaciones Militares de Río Tercero, en la provincia argentina de Córdoba, estuvieron cargadas de presagios y movimientos sospechosos.

Al anochecer del jueves 2 de noviembre de 1995, en la mitad del segundo período presidencial de Menem, un militar destacado en la base atravesó la calzada de la calle Arenales que corre paralela a la planta de carga de la unidad de producción de arsenales y está separada de ésta por un vallado. Vestido con uniforme de campaña, el hombre tocó a la puerta de la casa del distribuidor de combustible Sergio Daniel Montgaillard para pedirle que retirara de allí su carrotanque. Montgaillard ofreció mostrarle el permiso que lo había habilitado para parquear el vehículo en el lugar durante los últimos dos años, pero su interlocutor lo interrumpió con su claro acento argentino: "Movelo; no te conviene tenerlo aquí". Gabriel Coria, farmaceuta del sector, relacionó el episodio con el recorrido que días atrás habían hecho hombres vestidos de traje y corbata que inspeccionaron la zona exterior de la base y recorrieron las aceras a zancadas, como si hicieran mediciones. Se imaginó, en principio, que se trataba de un estudio de seguridad.

El viernes 3, a las ocho y veinte de la mañana, Dominga Sandrone, de 74 años, custodia de la Virgen de Schoensttat, patrona de la región, llamó a la base militar para confirmar que a las nueve de esa misma mañana ella y su hermano Ricardo llevarían la imagen, como lo habían acordado con los jefes de la unidad.

"Qué bueno que haya llamado. Justo ahora buscaba su número telefónico para pedirles que no vengan tan temprano porque hay una reunión muy importante y no podremos atenderlos antes de las diez y treinta", le dijo la secretaria que había respondido al llamado.

A las ocho y cincuenta y cinco, cuando percibió los ecos estremecedores de una explosión, Dominga o 'Pochola', como la conocían sus amigos, imaginó que algo grave acaecía en la fábrica militar y que su llamada allí había sido fruto de una corazonada. Aún sin conocer la magnitud del desastre, Sergio Montgaillard pensó que lo ocurrido habría sido peor si él no hubiese movido su carrotanque como se lo pidió el militar que fue a buscarlo a su casa.

La explosión se produjo en el tinglado de la planta de carga de la base. Los primeros en reaccionar fueron los miembros de una cuadrilla de bomberos voluntarios, encabezados por Dussan Alberto Alacevich. Su camión cisterna, conducido por Sergio Quiroga, se disponía a atravesar una densa columna de humo para buscar la raíz del fuego, cuando sus ocupantes vieron aparecer a un oficial del Ejército, con botas altas de caballería, bigote y pelo negro rizado. En medio de una escena propia de Hollywood, el militar —que apenas miraba de reojo las columnas de fuego y esquirlas que se levantaban a pocos metros— les dijo a través de la ventanilla del camión: "No se expongan, evacuen. Aquí ya no hay nada por hacer". Luego se alejó con una tranquilidad que contrastaba con el cuadro del siniestro.

Mientras el camión retrocedía, Alacevich vio a varias personas que corrían despavoridas y a otras en *shock*. Le llamó la atención una mujer que, con mirada perdida, caminaba hacia la columna de humo. Se bajó para ayudarla y justo en ese momento se produjo una segunda explosión que abrió un cráter en el piso y destruyó la mayor parte del Depósito de Expedición. Allí estaban almacenados los parques de proyectiles de artillería de 150 y 155 milímetros y se hallaban bodegas con pólvora y con el explosivo trotyl. El bombero cubrió con su cuerpo a la mujer, mientras veía cómo una lluvia de proyectiles se dirigía hacia los vecinos barrios Las Violetas, Escuela y Cerino. Temió lo peor.

—Ese militar nos salvó la vida porque cuando nos pidió retirarnos, avanzábamos sin remedio hacia el sitio de donde sobrevino segundos después la explosión más grande —le contó el bombero al periodista Jorge Urien Berry, quien desde entonces ha conseguido mantener viva una investigación basada en la hipótesis de que el siniestro en Río Tercero fue provocado por manos criminales para ocultar evidencias sobre el mayor escándalo de corrupción en la historia reciente de Argentina: la venta secreta e ilegal de armas a Ecuador y a Croacia, durante el Gobierno de Carlos Menem.

—Nos salvó la vida, sí. Pero también estoy convenido de que ese hombre sabía por anticipado de las explosiones y por eso estaba tan tranquilo —le insistió Alacevich al cronista.

Los bomberos voluntarios no fueron los únicos que vieron aquel día al hombre uniformado. Emilio Ostera, supervisor de la planta de carga de Fabricaciones Militares, hizo ante el periodista investigativo una descripción similar de un hombre al que vio parado junto a un barril con trotyl cuando comenzó el fuego: "Sé que aquel oficial, si en verdad era un oficial, no pertenecía a la fábrica, porque yo llevaba muchos años allí y jamás lo había visto. Quise acercarme cuando noté que el hombre se apartaba rápidamente de un barril del que se desprendía un chorro de llama azul, como de un soplete. No lo logré. Una explosión me arrojó como a ochenta metros y me dejó inconciente, con una esquirla en un pulmón".

Las explosiones cobraban más víctimas. El profesor Hoder Francisco Dalmasso dictaba a esa hora su clase de química en una escuela del barrio General Savio, a pocas cuadras de la base. Dalmasso evacuó a sus alumnos y ayudó a los demás profesores en la atención de la emergencia. Fue el último en salir de allí y sufrió un infarto cuando subía a su carro. Su viuda, Ana Gritti, presidenta de la Federación de Colegios de Abogados de Córdoba, sería aceptada por la justicia como la querellante principal en el proceso abierto tras la tragedia y aportaría pruebas que, diez años después, hicieron que la administración modificara sustancialmente su presunción inicial de que el caso de Río Tercero había sido un hecho fortuito.

Incluido Dalmasso, murieron siete personas, trescientas fueron relacionadas por los servicios médicos de la ciudad como heridos graves y un comité de emergencia verificó los daños sufridos por las casas de tres barrios a la redonda. En un hecho con escasos precedentes, el Gobierno liberó, sin dilaciones, partidas para pagar las indemnizaciones.

El presidente Carlos Menem llegó al lugar del desastre hacia la una de la tarde. Antes de hablar con los mandos del lugar, se dirigió a un agitado grupo de periodistas que lo aguardaban. Sin dejar que ninguno de ellos le formulara preguntas, les dijo en tono tajante: "Fue un accidente, no un atentado, y ustedes tienen la obligación de decirlo". Después se dio vuelta y se marchó. A sus espaldas quedó una espesa estela de dudas.

El punto de partida de las pesquisas periodísticas fue un cruce de coincidencias. Durante una visita al complejo judicial de Comodoro Py, en Buenos Aires, Carlos Augusto Trotta, reportero *free lance* o independiente, supo por un funcionario amigo suyo que el juez Jorge Urso, responsable de la causa por la venta ilegal de armas, se disponía por aquellos días a firmar una orden de inspecciones a la Planta de Fabricaciones Militares de Río Tercero. Durante ocho meses al frente de la investigación, Urso y el fiscal federal Carlos Stornelli recavaron en documentos y testimonios, de acuerdo con los cuales en la industria de arsenales de Río Tercero se había concentrado la mayor parte de la munición de artillería destinada a Croacia y a Ecuador.

De manera simultánea con el hallazgo hecho por Trotta, el equipo de investigación periodístico de *La Nación*, encabezado por Urien Berry, se ocupó de buscar a aquellas personas que habían trabajado alguna vez en la fábrica militar y quedaron cesantes después de la explosión. Al cabo de un año, la lista de operarios liquidados estaba compuesta por 424 nombres. Se trataba entonces de dar con aquellos que habían tenido cargos de responsabilidad y de sacarle fruto informativo a sus testimonios, ya fuera por su resentimiento o su arrepentimiento.

Con la ayuda de una jubilada que había manejado archivos de nómina, los reporteros descartaron posibilidades y dieron con Domingo Óscar Tissera, quien hasta el día de la explosión se desempeñaba como jefe de recepción de materiales de la fábrica militar. El hombre no encajaba bien en ninguna de las dos categorías ("resentidos" o "arrepentidos"), pero su perfil correspondía al de una persona honesta que, a raíz de la tragedia, supo cuál era el destino de las piezas de arsenales que pasaban por sus manos.

Tissera recibió en la sala de su casa a los periodistas. Sobre la mesa de centro guardaba, como recuerdo visible de su paso por la base de Río Tercero, el cartucho metálico de un proyectil de obús de 105 milímetros, adaptado como florero. El ex jefe de recepción de materiales contó que no dejó de parecerle extraño que desde 1993 y durante la mayor parte de 1995 llegaran a la fábrica toneladas de munición llevadas desde varios cuarteles del Ejército, con la orden de la Dirección de Arsenales de que sus espoletas fueran desmanchadas y repintadas hasta que quedaran como nuevas.

"Me pareció extraño", explicó el testigo, "que se maquillara ese material, pues se trataba casi todo de munición ya vencida, producida en 1982 [con destino a la guerra que Argentina libró contra Gran Bretaña por la posesión de las islas Malvinas, en el Pacífico sur] y doblemente extraño que, como me contaron algunos compañeros, estuviese destinada a la venta a Croacia". Según él, la información que tenía en aquel momento no le permitía saber que se trataba de una operación clandestina.

Cuando ocurrió la tragedia, también entendió por qué días antes había recibido nuevos moldes para la fundición de ciertas partes: "Nuestros jefes, siempre por orden de la Dirección de Arsenales, andaban en los preparativos para clonar ocho obuses Oto Melara, que el Ejército argentino había comprado a Italia". Convertido en fuente certera, Tissera le mostró a *La Nación* los "remitos" o papeles con las órdenes de trabajo y contó que hasta noviembre de 1995 habían sido realizados siete embarques de material para Croacia y que se planeaba otro para los días en que voló la planta de Río Tercero.

La versión del ex operario casaba perfectamente con documentos que fuentes anónimas enviaron al mismo diario. En ellos constaba que Croacia pagó por anticipado, a través de un intermediario, 5.599.850 dólares, y que después se quejó por no haber recibido el material a tiempo, completo ni en buen estado. Operarios de la base de fabricaciones fueron enviados en secreto a Croacia para calmar los reclamos y "poner a punto" los cañones.

Los pagos salieron de fondos de la empresa croata RH Alan, y llegaron inicialmente a cuentas del teniente coronel retirado Diego Palleros. Una investigación del periodista Daniel Santoro, del diario *Clarín*, desveló el papel de Palleros como traficante de armas y también el manejo de sus cuentas en bancos *off shore* uruguayos, habilitadas para recibir el pago de comisiones o coimas del negocio. El resto de la historia encajaría con la que ocho años después, antes de morir, estaba dispuesta a contar Lourdes Di Natale: que las comisiones eran retiradas finalmente por emisarios de Emir Yoma.

La abogada Ana Gritti —viuda del profesor Dalmasso y querellante principal en la causa de Río Tercero— averiguó que para el 11 de noviembre, seis días después de la explosión, estaba prevista la visita a la fábrica de una comitiva internacional, probablemente croata, que llegaría en medio del mayor sigilo. Según ella, de repente los jefes de Fabricaciones Militares quedaron entre dos fuegos: de un lado, habría una inspección judicial y, de otro, compradores defraudados vendrían a verificar dónde y en qué condiciones se producía el material que estaban comprando. "Eso explica por qué volaron la industria", aseguró en las diligencias judiciales.

Tissera condujo a los periodistas hasta Omar Gaviglio, ex jefe del centro de cargas y complementos de la base militar destruida. Ambos confirmaron que la inminente visita del exterior era un secreto a voces en los círculos castrenses. Gaviglio acababa de ser sobreseído en la investigación cuando aceptó hablar públicamente. Amplio conocedor de explosivos, este hombre se apoyó, sin embargo, en el perito ingeniero Alfredo Hraste para afirmar que los estallidos en la planta fueron provocados de manera sincronizada. En su opinión, los cráteres abiertos en el piso son prueba de que se usaron detonantes. Hraste y Gaviglio comenzaron a recibir de inmediato amenazas de muerte.

En un recorrido por las ruinas de la fábrica, los periodistas corroboraron lo que Hraste les decía: entre las dos dependencias de carga y producción, afectadas por sendas explosiones, se levantaba un talud de cinco metros. Eso hacía improbable que la segunda explosión, que causó la mayor parte de daños y víctimas, fuese consecuencia de la primera.

También según Tissera, el 24 de noviembre hubo otra explosión controlada —quizá para destruir más evidencias— y ese mismo día un grupo de militares se dio a la tarea de tapar los cráteres con motoniveladoras para "maquillar" el terreno donde se harían los peritajes judiciales para determinar la causa de la destrucción de la industria militar cordobesa.

Gaviglio le dijo al periodista Jorge Urien Berry que por eso no se le hizo raro que el viernes 3 de noviembre de 1995, por la noche, menos de doce horas después de ocurrido el siniestro, los oficiales más antiguos de Fabricaciones Militares regresaran de Buenos Aires y se metieran al casino a comer pollo y a beber cerveza como si nada.

Hacia la medianoche el general Juan Carlos Andreoli, interventor de Fabricaciones Militares y hombre temido y respetado allí por su cercanía al presidente Carlos

127

Menem, me mandó llamar. Entré asustado, pues temí que me iba a someter a un interrogatorio sobre la explosión, pero me sorprendí cuando me habló con desparpajo de otros temas y me ofreció cerveza. Lo acompañaba el coronel Edberto González de la Vega, director de Coordinación Empresaria. Parecía más bien como si celebraran lo ocurrido.

No dejaba de resultar sospechoso que Andreoli y González se hubieran ido de Río Tercero pocas horas antes de la tragedia y hubieran dejado a cargo al teniente coronel Óscar Nicolás Quiroga, el subdirector. Quiroga fue el encargado de atender la visita de Menem y de su ministro de defensa, Óscar Camilión, quienes no le exigieron explicación alguna.

En aquellos días acababa de ser nombrado en otro cargo administrativo el coronel Jorge Cornejo Torino, acusado luego por testigos de haber enviado en secreto a Croacia a operarios argentinos para reparar los primeros cañones vendidos a las fuerzas comprometidas en la guerra de los Balcanes.

Los periodistas buscaron a expertos independientes para que les ayudaran a evaluar la versión oficial según la cual la causa de la explosión había sido el contacto accidental de una chispa con un barril de trotyl. En medio de un ambiente tenso, uno de ellos, Ricardo Luis Gamero, experto en explosivos que alguna vez sirvió a la Policía, les hizo una prueba que parecía arriesgada. En medio del nerviosismo de sus interlocutores, que buscaban refugio, puso una porción de trotyl en contacto con el fuego. No hubo reacción alguna. "Lo ven, el trotyl no explota, a menos que le pongamos un mecanismo detonante", les dijo.

Desde 1999 hasta 2004 las incansables investigaciones reporteriles alrededor del tema sirvieron para que el proceso judicial mantuviera su curso. En marzo de 2005 seguía abierto, aunque todavía no se había proferido condena alguna. En ese momento, en el rótulo de la causa judicial, abierta inicialmente bajo la presunción de "accidente", se leía "estrago doloso calificado". Después de una minuciosa revisión de inventarios y de cotejar las cifras disímiles entregadas por Fabricaciones Militares, por Gendarmería Nacional y por la Policía cordobesa respecto a la dimensión del arsenal destruido, el juez federal Luis Martínez trabajaba sobre la hipótesis de que la explosión había servido para ocultar el blanqueo de por lo menos 45.682 proyectiles de artillería destinados al contrabando hacia Croacia.

El trágico vuelo del Puma

A comienzos de octubre de 1996, la Comandancia del Ejército del Perú recibió una invitación del Ministerio de Defensa argentino que resultaría signada por la tragedia. Preocupado por las tensiones surgidas con Lima después de que se descubriera el trasiego clandestino de armas argentinas hacia Ecuador en la época de la guerra por el control de la cordillera de El Cóndor, el estamento castrense en Buenos Aires estaba interesado en aliviar las tensiones y programó un encuentro de Estado Mayor de los dos ejércitos con una sugestiva agenda turística y cultural.

En Lima, el entonces presidente Alberto Fujimori autorizó el viaje de una comitiva militar de alto nivel. Su asesor, Vladimiro Montesinos, se ocupó de que la delegación no fuera integrada según criterios de jerarquía y antigüedad, sino que de ella hiciesen parte hombres con formación en inteligencia y, algo más importante, de su entera confianza. Montesinos estaba interesado en averiguar quiénes movían los hilos conectores de la red que envolvía a Menem con contrabandistas de armas. Entre los siete escogidos estaban los generales Ricardo Sotero Navarro, Juan Yanqui Cervantes y Hugo Soto Núñez y el coronel Federico Celi Febres. Sotero y Yanqui fueron compañeros del curso de Montesinos en la Escuela de Cadetes y se graduaron con él como oficiales de la promoción "Centenario del 2 de mayo". Tiempo después de su misión en Buenos Aires y de la renuncia de Fujimori, los dos fueron a prisión acusados de enriquecimiento ilícito. El periodista César Romero, del periódico *La República* de Lima, estableció que cada uno recibió en promedio un millón de dólares por participar en negocios corruptos con Montesinos, y que cobraron sus recompensas a través de cuentas cifradas en Nueva York.

El coronel Celi Febres jugaría un papel clave en las primeras diligencias subrepticias que le permitieron a Montesinos venderle en 1999, al movimiento guerrillero colombiano Farc, diez mil fusiles AK-47 comprados a Jordania, como si se tratase de una operación de gobierno a gobierno. Pero como la muerte lo sorprendió en Buenos Aires, su "misión" fue concluida por el general Sotero, comandante de la V Región Militar del Ejército peruano.

La comisión militar peruana fue recibida la mañana del domingo 6 de octubre de 1996 en el aeropuerto de Ezeiza. Del comité de bienvenida hacía parte, incómodo, el general Juan Carlos Andreoli, quien se desempeñaba como director de arsenales del Ejército cuando ocurrió la explosión en Río Tercero, y quien llegó al cargo de interventor de Fabricaciones Militares Argentinas en medio del escándalo por la venta ilegal de armas a Ecuador y a Croacia, con la aparente orden de hacer lo necesario para acallarlo. Guillermina López Mónico, viuda del coronel de inteligencia Rodolfo Aguilar —una de las víctimas de la tragedia que rodearía al encuentro— les contó a periodistas de la Unidad Investigativa de *La Nación* que su esposo le había dicho aquel día que Andreoli temía un desaire de los peruanos, que seguramente lo mirarían como traidor, enemigo de su país. Sin embargo, no ocurrió así.

El general Andreoli sufría por aquellos días una crisis que terminó por empujarlo al alcoholismo. El oficial se sentía caído en desgracia y rondado por el fiscal que investigaba el tráfico de armas. Veía también cómo el presidente Menem, que lo había incluido en el selecto grupo de amigos que lo acompañaba en sus juegos de golf, le daba la espalda: no solo ordenó su traslado de Fabricaciones a la subdirección de Institutos Militares, cargo que podría marcar la antesala de su retiro del servicio activo, sino que ya no atendía a sus llamadas. Por eso para él su inclusión, a última hora en la comitiva, era un intento perverso de sus superiores por someterlo a escarnio. Y en medio de su aflicción, no ocultaba el desespero que sentía al ver que todos los oficiales que se jugaron enteros por borrar las pistas del *affaire* de las armas estaban perdiendo el respaldo del alto Gobierno. Le dolía, por ejemplo, la situación del coronel Jorge Cornejo Torino, jefe de la Fábrica Militar de Río Tercero, que por esos días se veía amenazado con ir a la cárcel por la explosión de la unidad.

Horacio Rodríguez Larreta, secretario de privatizaciones de la Secretaría de Defensa, en ese momento uno de los funcionarios con mayor ascendencia sobre el estamento castrense, reconstruyó en abril de 2004, por petición del periodista Hugo Alconada Mon, los detalles de una conversación que había sostenido el 13 de septiembre de 1996 con Andreoli durante la celebración del Día de la Infantería del Ejército:

—Por favor, hay que darle una mano a Cornejo Torino. Mirá lo que tuvo que hacer para tapar este tema. Se jugó, pobre tipo, porque había que desaparecer las pruebas —le dijo Andreoli, con un aliento dominado por vahos etílicos, a un sorprendido Rodríguez Larreta.

—No sigás. Desconozco por completo el tema y en estos ambientes es mejor no enterarse —respondió Rodríguez, cortante.

—Hacé de cuenta entonces que no escuchaste nada —pidió Andreoli antes de despedirse.

El martes 8 de octubre, dos días después de la llegada de la comitiva peruana, se iniciaría la parte socioprotocolaria de la Conferencia Bilateral de los Estados Mayores.

Los oficiales de ambos países fueron invitados a un día de esparcimiento en la isla de Santa Mónica, en la provincia de El Tigre. Ellos fueron en helicóptero y sus esposas en tren, pues así estaba dispuesto en el protocolo. Al caer la tarde todos regresarían a Buenos Aires vía aérea. Su temor a volar hizo que la esposa del coronel argentino Rodolfo Aguilar declinase. El cupo de la señora de Aguilar sería asignado al fotógrafo civil de inteligencia Rafael Alberto Peláez. Virginia, hija del coronel, le pidió en vano a éste: "Papi, no vayas. Tengo el presentimiento de que ese helicóptero se va a caer". Él intentó calmarla con una sonrisa y se despidió con un beso.

Aguilar departiría con viejos conocidos, y quizá tenía en mente tantear la percepción de los peruanos frente a Menem y las Fuerzas Militares argentinas después de lo ocurrido con las armas. No olvidaba que él había sido el primer oficial que previno a su Gobierno, en febrero de 1995, sobre la tensión que se generó en Lima, cuando el Gobierno de Fujimori hizo públicas sus sospechas de que Argentina había vendido armas a Ecuador durante la guerra de El Cóndor en 1995. En ese momento el coronel era agregado militar en Perú y, por los términos en que envió su informe de alerta, sus familiares y compañeros dedujeron que no tenía idea de que estaba involucrado en el trasiego clandestino del material de guerra. "Los servicios de inteligencia peruanos —decía su carta— creen que el Ejército argentino estaría involucrado en una supuesta venta de armas y pertrechos a Ecuador. Dicen tener información según la cual cargamentos completos se despacharon desde Ezeiza".

El viaje de ida transcurriría sin contratiempos. Para el retorno, como no había cupo suficiente para las comitivas en un solo helicóptero, el alto mando previó el apoyo de una segunda nave, el Puma SA 330, de fabricación francesa. Las condiciones climáticas ofrecidas por la primavera eran ideales y el primer vuelo aterrizó normalmente en la pista habilitada en el Campo de Polo de Palermo. Pero a las cinco y cincuenta y cinco de la tarde, cuando el Puma se aproximaba a la misma base, sobrevino la tragedia: el aparato dio un leve viraje a la izquierda y luego a la derecha y se precipitó a tierra, en medio de una explosión. Quince de sus once ocupantes murieron, entre ellos los oficiales argentinos general Andreoli y coronel Aguilar, y los peruanos general Soto Núñez y coronel Celi Febres. Sus cuerpos quedaron irreconocibles.

Repuesto de la crisis nerviosa, el sargento Miguel Rodino, curtido técnico mecánico del helicóptero y sobreviviente del siniestro, se declaró desconcertado: "El helicóptero estaba en perfectas condiciones y el piloto procedió bien. No logro entender qué cosa produjo la explosión", declaró ante una comisión investigadora de la Fuerza Aérea y ante el fiscal federal Carlos Cearras.

Entre protocolos y formalismos de la investigación, un grupo de peritos llegó a esta conclusión: "El motor tenía desintegrada la segunda etapa del rotor de turbina de alta presión (…). Esto pudo haber ocurrido por la voladura de un álabe debido a una grieta o a algún microimpacto". Un año después, la fábrica francesa Aerospatiale no cuestionó el dictamen, y en un sucinto pronunciamiento se limitó a decir que un problema de esa naturaleza podría presentarse en condiciones de un excesivo viraje a la izquierda. Ninguno de los sobrevivientes ni testigos recuerdan que una maniobra así se hubiese producido.

Lima no hizo demanda alguna de investigaciones más a fondo, y algunas de las dudas que se conocieron allí provinieron de familiares de las víctimas. Teresa Soto, hermana del general Soto Núñez, se dolió de que nunca le permitieron ver los despojos y de que lo único que las familias recibieron fueron uniformes chamuscados, pese a que los invitados al viaje iban vestidos de civil. Por encima de las reservas que quedaron flotando, la investigación oficial fue cerrada en diciembre de 2000 por decisión del juez Jorge Urso, respaldado por el fiscal, bajo el mote de "caso fortuito".

Los reporteros del equipo investigativo de *La Nación* desafiaron durante ocho años las conclusiones y no pudieron sacarse de sus cabezas la idea de que aquello había sido un sabotaje, ligado al caso de las armas. Sus dudas crecieron a partir del día en que un corresponsal en Uruguay les informó que un mes antes del accidente el general Andreoli había estado en Montevideo, donde constituyó un acta ante el escribano 14, a quien puso en custodia documentos secretos sobre las series de producción del armamento enviado a Croacia y a Ecuador. Ligado a una cadena de coincidencias, los periodistas supieron por un auxiliar del despacho del fiscal Carlos Stornelli que el oficial estaba citado para un interrogatorio que debía realizarse el 28 de octubre, con el propósito de verificar la aparente falsedad de documentos producidos por sus superiores para eludir responsabilidades penales en el mismo caso. Estaba previsto que Andreoli compareciera tres días después de que lo hiciera el general Martín Balza, jefe del Ejército, más tarde detenido provisionalmente y sobreseído antes de marcharse a Colombia como embajador.

Jorge Urien Berry cuenta que una de las tareas que se impuso el equipo periodístico fue la de establecer por qué Andreoli quedó incluido en la comitiva para recibir a los peruanos y viajar con ellos, en un momento en que sus superiores y el Gobierno querían saber muy poco de él y en la antesala de su declaración judicial como protagonista en los embarques de armas. La estrategia de los periodistas consistió en publicar una serie de dudas sistemáticas sobre el accidente para suscitar reacciones que presionaran la salida del episodio de las penumbras. De un lado, familiares de las víctimas comenzaron a exigir la reapertura del proceso, y sus abogados, con instrumentos jurídicos en la mano, solicitaron acceder a documentos y pruebas frente a los cuales el Estado solía oponer reservas a los periodistas. Por otro, calculaban que oficiales de aviación del Ejército, muy seguramente afectados por la mácula que la tragedia significaba para su especialidad, y otros miembros honestos de las Fuerzas Armadas estarían interesados en descorrer el velo que ocultaba la verdad.

Los cálculos no estuvieron errados. Algunas fuentes que no dieron la cara, pero que se mostraron confiables por la calidad de la información que entregaron, y otras que hablaron bajo un compromiso perpetuo de anonimato, le suministraron al diario *La Nación* documentos clave. El principal de ellos, que llegó en sobre cerrado, resultó ser el original del memorando número 065 / M / 96 del Estado Mayor del Ejército, a través del cual se conformó la nómina de la delegación argentina que acompañaría a los peruanos y se advertía claramente que alguien excluyó el nombre del general de brigada Emilio Grandinetti y escribió en su lugar, a mano, el de Andreoli. Un nervioso y huidizo Grandinetti se limitó a decirles a los periodistas que seguramente el cambio se produjo porque por esos días él pediría la baja del servicio activo. Con base en los registros de pasajeros, las mismas fuentes revelaron que Andreoli debía regresar a Buenos Aires en el primer vuelo programado, pero que se tuvo que esperar a ocupar el Puma por solicitud expresa de otro de los comisionados, el general Ricardo Brinzoni.

Otros documentos, como las actas de defunción, incluían información probadamente falsa. La correspondiente al coronel Rodolfo Aguilar decía que su cuerpo fue reconocido por el teniente coronel Jorge Horacio Donaire, su concuñado. Donaire le dijo a la justicia, bajo juramento, que nadie lo citó a diligencia alguna de reconocimiento ni le avisó que usarían su nombre para formalizar el acta. Un compañero suyo dijo haber visto los cuerpos en la morgue, carbonizados y sin ropas, y reconocidos únicamente por sus pertenencias. Sin embargo, tales pertenencias habían quedado esparcidas en el campo de aterrizaje.

Desde el primer momento, la viuda del coronel Aguilar pidió públicamente una prueba de ADN para estar segura de que la tumba que visitaba a diario contenía los restos de su esposo. No ocultó su sospecha de que el accidente fuese en realidad un atentado contra Andreoli. Dos meses después de la tragedia ocurrió un episodio que aumentó sus pálpitos. Mientras se mudaba con sus hijos a la provincia de Salta en un carro provisto por el Servicio de Inteligencia, fue asaltada. El chofer oficial condujo el vehículo durante un corto trayecto por la vía Panamericana y luego se bajó para regresar a la capital federal en un autobús. Guillermina López Mónico se puso al volante y, transcurridos cinco minutos, dos carros les bloquearon el paso. Hombres armados, que les dijeron ser policías, aunque vestían de civil, les quitaron sus equipajes. Uno de ellos lanzó una amenaza que quedó retumbando en la cabeza de la viuda: "Si te das vuelta, vas a morir igual que tu marido".

Mientras *La Nación* publicaba nuevos hallazgos y dudas, el fiscal federal Carlos Cearras, el mismo que había estado a favor del cierre de la investigación, buscó a los periodistas para confesarles: "Siempre tuve dudas con lo del helicóptero y no descarté un atentado. Hubo muchas cosas raras, empezando porque el fabricante francés nunca hizo nada para colaborar con la investigación". También les confirmó que el equipo judicial a cargo del asunto no le prestó atención al juez asignado al caso de Río Tercero cuando preguntó por escrito: "¿Han encontrado elementos que permitan relacionar la caída del helicóptero con la explosión de la Fábrica Militar?".

Las investigaciones periodísticas, ese cántaro que fue al agua sin tregua, estimularon a la Cámara Federal de Buenos Aires (corte de apelaciones) a ordenar, en vísperas de la Navidad de 2004, la reapertura de la investigación. La viuda de Aguilar fue aceptada como querellante de la causa, asistida por el jurista Ricardo Monner Sans, un litigante reconocido, entre otras cosas, porque ha logrado llevar a buen término en los estrados judiciales las denuncias emanadas de los medios de comunicación.

El jefe va a prisión

"¿Yo jefe de una banda?", preguntó, casi sin aliento, Carlos Menem cuando el juez federal Jorge Urso le leyó los cargos que sustentaban su decisión de ponerlo preso.

Eran las diez de la mañana del jueves 7 de junio de 2001 y Menem, quien diecisiete meses atrás había tenido que abandonar la Casa Rosada tras fracasar en su segundo intento de reelección, llegó a los despachos judiciales de Comodoro Py una hora antes de lo previsto oficialmente. Lo acompañaban la ex miss universo chilena Cecilia Bolocco, su nueva esposa, el abogado Óscar Roger y dirigentes políticos de La Rioja, su provincia natal. También un grupo de manifestantes que logró avanzar unos metros hasta chocarse con un cordón policial, pero que alcanzó a patear las puertas de las oficinas mientras gritaba consignas que ensalzaban al ex mandatario como el único gobernante constitucional que había logrado levantar al país de las ruinas en las que lo dejaron las dictaduras militares.

El juez Urso lo esperó en su despacho y reservó para él un saludo que parecía exceder los límites del protocolo. Eduardo Tagliaferro, cronista del diario *Página 12*, lo registró en su libreta de apuntes.

—Antes de empezar la audiencia, doctor Menem, le recuerdo que yo estoy sentado en este cargo porque usted me nombró juez federal, y sigo sintiendo por usted el mismo respeto que en aquel momento —le dijo el juez al ex mandatario.

—Bien, doctor, gracias —respondió éste y sonrió por unos momentos. Pero su semblante cambiaría en cuestión de segundos porque el magistrado optó por acelerar la parte medular de su providencia.

—En virtud de los cargos de falsedad ideológica en concurso real con el de jefe de una organización ilícita, queda usted detenido a disposición de este juzgado —le notificó el magistrado.

—¿Yo jefe de una banda? ¿Dónde quedaré detenido? ¿La detención puede ser domiciliaria? —las preguntas de Menem se atropellaban en su garganta y se advertía en él un esfuerzo extremo por mantenerse sereno.

Urso guardó silencio y algunos de los presentes, entre ellos Mariano Cavagna, amigo de Menem, creyeron advertir en su rostro un gesto compasivo.

—Esto es una gran injusticia, lo lamento mucho, doctor. Yo no tengo nada que ver con todo esto. Manifiesto mi inocencia terminantemente —insistió Menem. Luego, resignado, buscó con su mirada el crucifijo que se encontraba en la pared, detrás de la silla de Urso, y musitó—: Como dice el Evangelio, hágase tu voluntad.

Casi un lustro después, Tagliaferro, profesor de posgrado en periodismo investigativo, conserva vivo el recuerdo de la época menemista, cuando la mayoría de los argentinos creían que el Presidente era inexpugnable y que seguiría dándose el lujo de ver caer incluso a sus amigos más cercanos, mientras él se mantenía incólume, por graves que fueran las denuncias de corrupción durante su mandato.

Fue la época en que el Gobierno se liberó de un escándalo que habría podido resultarle un bumerán: el asesinato del reportero gráfico José Luis Cabezas, de la revista *Noticias*, quien cometió la osadía de mostrar por primera vez el rostro de Alfredo Yabrán, el empresario que amasó su fortuna bajo el amparo de Menem y de los contratos que el Gobierno le reservó selectivamente.

Quizá por lo sorpresivo de la decisión judicial, los editores de los diarios no tuvieron mucho tiempo para pensar cómo ilustrarían gráficamente el hecho histórico de que, por primera vez en el país, un ex mandatario elegido constitucionalmente fuera a la cárcel. El viernes 8, al día siguiente de la detención de Menem, el tabloide *Página 12* dedicó la mayor parte de su primera página a un fotomontaje que mostraba al personaje enfundado en un vestido a rayas, arrastrando unos pesados grilletes. La portada era encabezada por un título con grandes caracteres: "El Jefe".

Ese día, centenares de personas que buscaban transporte en las calles de las principales ciudades, afectadas por un paro general ajeno al acontecimiento, se detenían ante los quioscos a verificar si aquella imagen era real. Para despejar dudas, el editor Ernesto Tiffenberg acompañó la ilustración con una breve columna justificadora, que terminaba diciendo: "Los argentinos ya conocen el tema. No hay ninguna foto que ilustre la represión ilegal. Fue la memoria la que impidió el olvido. De ella, de la memoria, de sus causas y consecuencias, depende ahora que se mantenga viva toda la trascendencia de la detención de Menem". El periódico pretendía así hacer un paralelismo entre los escándalos de las dictaduras y el protagonizado entonces por Menem.

Pero esa memoria pareció frágil durante la mayor parte de los diez años del mandato del riojano. Para Tagliaferro, aún hoy resulta difícil creer que este hombre conservara intacta durante tanto tiempo su ascendencia sobre el electorado después de que varios medios de prensa, serios y sólidos en sus investigaciones, lo rondaron de cerca y pusieron en evidencia que en su círculo más cercano de colaboradores operaba una auténtica mafia de enriquecimiento ilícito.

Si bien el destape del tema de las armas terminó frustrando su intención de quedarse en el poder, hasta entonces Menem había entregado las cabezas de sus amigos, pero, eso sí, se aseguró de que la suya quedara intacta. Así ocurrió cuando el periodista y dirigente social Horacio Verbitsky denunció, en 1991, que los hombres del Presidente cobraron jugosas coimas para adjudicar el contrato del Banco Nación, o cuando la televisión comprobó en 1992 la existencia de una aduana paralela que, desde el aeropuerto de Ezeiza, dejaba pasar incluso narcóticos. También cuando la radio divulgó en 1994, hasta la saciedad, detalles sobre la manera cómo Enrique Piana, empresario amigo del presidente, multiplicó aceleradamente su capital a expensas de los beneficios otorgados por el Gobierno a quienes exportaran materiales elaborados con oro. Los medios demostraron que la mayor parte de las exportaciones fueron chucherías y baratijas, cuando no se trataba de ventas ficticias.

En el interregno entre la llegada de Menem al poder y su caída por cuenta del contrabando de armas, la fiscalización periodística frente a su mandato produjo otros muchos logros de antología. Susana Viau, escritora y periodista aplicada a la investigación social en *Página* 12, fue la primera vigía de los manejos de los recursos que el Tesoro le confió al Gobierno para la inversión social. En 1991, estaba asignada al cubrimiento del sector salud y le inquietaba que un tema tan importante como ese sólo fuera noticia por el efecto de las epidemias y que nadie se hubiera ocupado de verificar si era cierto o no que el ministerio del ramo se había convertido, según dice ella misma, "en una caja negra de financiamiento político y de enriquecimiento personal".

Un hecho que parecía aislado le daría la excusa para meter sus narices en el tema. Un cuñado suyo, médico de profesión, la llamó una mañana al diario para contarle que la Policía había decomisado en La Matanza, una de las zonas más pobres de la provincia de Buenos Aires, un cargamento de leche en polvo dañada que iba con

destino a un hospital público de caridad. "En el gremio
de la salud se dice que la fábrica que produjo la leche
podrida es de gente muy cercana al Presidente", le dijo
su cuñado.

"Yo enseñaba periodismo en TEA [Taller Escuela
Agencia] y me hice ayudar de un chico que tenía como
alumno. Era Jorge Lanetta, empleado en el laboratorio
de un hospital del mismo distrito, a quien los temas médico y sanitarios no le eran ajenos", recuerda la periodista. Sus editores le aprobaron la incorporación de Lanetta
sin mucho entusiasmo.

El médico que fue la fuente inicial les consiguió un
envase de la leche dañada. En él se encontraban datos
muy elementales: una dirección y un teléfono móvil. Lanetta se puso traje y corbata y buscó la dirección seña-
lada, que correspondía a un depósito. Se presentó como
representante de la gerencia administrativa de un hospital pediátrico de La Plata interesado en el producto y, al
indagar por los precios, supo que estos eran casi un cincuenta por ciento inferiores a los que el Estado pagaba
a los distribuidores. Le sorprendió que el propio jefe del
depósito le aconsejara no comprar la leche porque su calidad no era buena. Aún así, aceptó venderle una muestra
y le extendió una factura.

Mientras tanto, Susana supo por su cuñado que en
el hospital se mencionaban con insistencia los nombres
de Miguel Ángel Vicco y Carlos Spadone como los ven-
dedores, tras bambalinas, de la leche. Le resultaba difícil
creerlo. En ese momento Vicco era nada menos que el
secretario privado de Menem, y Spadone un asesor del
Gobierno que hacía fortuna para cumplir su viejo sueño
de convertirse en promotor de espectáculos.

Como era improbable que Vicco y Spadone figura-
ran en registros como dueños de alguna fábrica, Susana

decidió probar suerte y llamar a la distribuidora que figuraba en la factura que le había llevado su alumno. "En una de esas —se dijo— me encuentro con algún desprevenido que se equivoca y me da los datos que necesito".

—Deseo hablar urgentemente con Carlos Spadone. Es para cerrar un negocio —le dijo la periodista a quien contestó la llamada.

—Lo lamento, tendrá que ser mañana. Él solo vino hoy un rato y se ha ido al teatro —respondió su interlocutor sin prevención alguna, como ella lo había soñado.

El primer artículo con la alusión a la factura y a las llamadas suscitó un revuelo inmediato. En cuestión de horas, Menem se vio obligado a pedirle la renuncia a Vicco, y Spadone se marchó en silencio. Catorce años después, en medio de diligencias judiciales y pagos de fianzas, ambos se vieron beneficiados por una reforma al *Código Penal* que hizo prescribir el caso y lo dejó impune.

Pese a ello, Vicco siguió siendo asesor de Menem en la sombra, y miembros de la guardia palaciega de la época recuerdan que visitaba a deshoras la Casa Rosada.

Tres años después, Susana Viau se encontraba detrás de la pista del manejo del presupuesto del Pami, un instituto estatal de seguridad social que administraba recursos por 1.600 millones de pesos. Aunque no existía ninguna denuncia específica de por medio, le interesaba conocer el desempeño de la médica Matilde Menéndez, cabeza del organismo, y una de las más poderosas figuras del Partido Justicialista.

Con paciencia armó un organigrama con cada uno los funcionarios, cuotas de manejo y los contratos más importantes: negocio de la diálisis, de marcapasos, de provisión de materiales a institutos siquiátricos y geriátricos. En esas estaba cuando una tarde de comienzos de febrero de 1994 dos personas —que aún hoy ella prefiere no identificar— fueron a buscarla al periódico. "No soporto más —le dijo entre lágrimas una de ellas—. Quiero decirle cómo, cuándo y dónde se pagan los retornos en el Pami". Los "retornos" era el nombre coloquial usado para referirse a la parte del pago que los funcionarios del instituto se reservaban para sus bolsillos luego de la adjudicación de los contratos. Contratista que no pagara ese "retorno" simplemente no tenía posibilidad de participar con éxito en licitaciones o adjudicaciones directas.

"Quedé fría —cuenta Susana—. Me llevé a las fuentes a un barcito cercano, donde podríamos hablar desprevenidamente y sin llamar la atención. Era obvio que se trataba de contratistas exprimidos y empecé por preguntarles por las expectativas que tenían respecto de mi trabajo, ya que yo no tenía capacidad para hacer seguimientos o labores de inteligencia".

"Nosotros —le respondieron sus fuentes— sólo le daremos la hora y el sitio donde habrá un importante pago de retornos. Usted y su periódico harán luego lo que puedan".

Le dieron el sitio y la hora donde se reunirían con los extorsionistas. Se trataba del restaurante de un hotel del microcentro de Buenos Aires. Viau organizó un equipo del que hacían parte dos periodistas y su marido que, preocupado, pidió acompañarla. Todos acordaron que harían una visita exploratoria destinada, en principio, a valorar la veracidad de la queja. "Para no levantar la perdiz, para que no sospecharan de nosotros, yo había llevado unos folletos de turismo y hablaríamos de un viaje futuro, de precios. Tomaríamos notas y las dejaríamos arriba de las mesas por si alguien entraba en sospecha y quería mirarlas".

El equipo de *Página 12* vio parte de lo que necesitaba ver. Personas elegantes llegaban y ponían bolsas y maletas al lado de alguna mesa, después alguien las recogía, se iba al baño y los devolvía descargadas. Sin embargo, los reporteros y el esposo de Susana estuvieron de acuerdo en que aquello podría ser desde droga hasta cualquier otra cosa. "Cuando salimos había un coche oficial en la puerta, con matrícula de Gobierno. No podíamos seguirlo y no habíamos alcanzado a escuchar la conversación, así que sólo contábamos con hechos que aguzaban nuestra curiosidad, pero que no ofrecían certezas".

La operación se repetiría una semana más tarde. Pero esa vez el equipo de Susana llevaría al menos una cámara fotográfica. El problema consistía en encontrar un lugar para ocultarla. Como el hotel quedaba frente a la Legislatura o Concejo de la ciudad, los reporteros pensaron en pedir permiso para usar alguna oficina como parapeto. Temían, no obstante, que como casi todos los ventanales que miraban hacia el hotel correspondían a despachos de legisladores justicialistas su información se filtrara. Carlos Álvarez, presidente de la corporación y fuente de confianza del periódico, se ofreció a hablar con el concejal Aníbal Ibarra para que él facilitara su oficina.

Ibarra tuvo una idea mejor. Dejaría aparcado su coche frente al hotel y les entregaría las llaves. Desde allí, el reportero gráfico chileno enviado por el diario podría actuar a sus anchas. Cuando todo parecía listo, Susana recibió una llamada en su celular de una de las fuentes. A última hora, los encargados de recoger los "retornos" cambiaron de sitio. El pago ya no se haría en el hotel, sino al día siguiente dentro del Banco de Crédito Argentino, junto a la Plaza de Mayo. "Me sentí decepcionada —cuenta Susana—. Allí no podíamos seguir a nadie, ni tomar fotos porque una acción así sólo podría ser ordenada por un juez. Pensé en hacer una denuncia urgente ante un juez, pero creí que si lo hacía y no resultaba nada se afectaría la credibilidad del diario". Aníbal Ibarra se ofreció entonces a hacer la denuncia con la condición de que los periodistas lo apoyaran con sus testimonios.

El equipo se citó con Ibarra a las siete y treinta de la mañana en un bar de la Plaza de Mayo. Susana desechó la idea de que la denuncia se hiciera ante un juez federal debido a que todos ellos habían sido nombrados por Menem. Propuso ir a la justicia ordinaria, donde buscarían a algún fiscal conocido. Quien quiera que fuera ese fiscal, era necesario decirle una mentira: que los comprometidos en la operación ilegal eran inspectores municipales. De lo contrario, ellos no podrían actuar por falta de competencia.

"Propuse —explica la periodista— entrar al Banco por una puerta lateral para dominar visualmente mostradores y ventanillas. Policías de civil simularían llenar formatos de consignaciones. Así lo hicieron y al advertir la operación de intercambio de maletines intervinieron para arrestar a los comprometidos".

Ante el hallazgo de cuantiosas sumas de dinero en los maletines, el fiscal interrogó allí mismo a los detenidos y se volvió hacia Susana para decirle:

—Estos no son inspectores municipales, sino funcionarios del Pami.

—¡No me diga! —respondió ella fingiendo sorpresa.

Una revisión de los videos de seguridad del banco reveló que uno de los implicados alcanzó a huir al advertir la operación policial. Durante años existió la presunción de que se trataba del "aviador", como conocían a un oficial de la Fuerza Aérea Argentina que trabajaba como edecán presidencial. El juez del caso, Claudio Bonadío, no ordenó reconocimiento alguno ni lo llamó jamás a declarar.

La noticia fue difundida ese mismo día por la televisión, alertada aparentemente por la Policía, y el escándalo hizo que Menem hiciera bajar de su avión a Matilde Menéndez, que hacía parte de la comitiva que viajaría en visita oficial a España. La médica justicialista fue hasta ese día directora del Pami y persona de todos los afectos del jefe de Estado.

Como en otros trances similares, el Presidente se lavó las manos y renegó de ella. En ese momento no sabía que el *affaire* terminaría tiempo después por costarle su reelección. Menem fue seis meses a prisión preventiva y luego sobreseído por la Corte de Apelaciones con una tesis que causó desconcierto en los círculos jurídicos: "Constitucionalmente es imposible pensar que un gobierno constituya una asociación para delinquir y entonces mal podría decirse que el Presidente fue el jefe de tal asociación".

NICARAGUA

Nombre: José Arnoldo Alemán Lacayo

Fecha de nacimiento: 23 de enero de 1946 en Managua.

Profesión: Abogado de la Universidad Nacional Autónoma de León.

Período de gobierno: 1997-2002

Acusación: Por los delitos de lavado de dinero, enriquecimiento ilícito, robo y mal manejo de los fondos nacionales fue sentenciado a veinte años de cárcel.

Situación actual: Luego de estar preso, hoy se encuentra bajo la nueva figura jurídica de convivencia familiar, que le permite movilizarse libremente por Managua.

El engorde de Alemán

ESA MAÑANA DEL 10 DE ENERO DE 1997 el nuevo presidente de Nicaragua, Arnoldo Alemán, fue recibido como una estrella de *rock and roll*. A bordo de un Mercedes Benz rojo último modelo descapotable, el gobernante y simpatizante de la dictadura de Anastasio Somoza tiró besos y saludó con la mano derecha en alto a su público en el Estadio Nacional, el mismo lugar donde se disputan los campeonatos del deporte rey del país, el béisbol. Esta vez no era un cita de pelota caliente o un concierto musical, pero, de todas formas, los asistentes celebraban con júbilo el triunfo de su candidato tras una virulenta campaña contra el Frente Sandinista de Liberación Nacional (FSLN), que se había despedido de su década de poder con la famosa "piñata": un reparto de propiedades y empresas estatales entre los altos dirigentes del régimen revolucionario.

Pese a sus dificultades para caminar, atribuida a una poliomielitis infantil, Alemán se valió de toda la infraestructura de su Partido y del apoyo empresarial para llegar a los pueblos más apartados, ofrecer proyectos y abrazarse con la gente. En muchos de esos caseríos el candidato liberal les informó a unos desconectados habitantes que la guerra civil nicaragüense había terminado seis años antes, en 1990, cuando Violeta de Chamorro tomó las riendas del país por elección popular.

Sin duda, aquella actitud campechana le regaló un aire de probidad y anuló las primeras sospechas tejidas alrededor del rápido incremento del patrimonio del nuevo mandatario. Dinero invertido, según publicaciones posteriores de los medios de comunicación, en lotes rurales y algunas tierras en los mejores predios del litoral pacífico, como El Astillero.

Eran los primeros días de enero de 1997 y los pocos diarios y canales de televisión de Nicaragua le otorgaron el beneficio de la duda al nuevo Gobierno. Fieles a una de las costumbres más arraigadas en los países de la región, como es la falta de memoria histórica, los medios hicieron una especie de borrón y cuenta nueva sobre la hoja de vida del mandatario. Luego de una polémica alcaldía de Managua, el principal trampolín para la Presidencia, el diario insignia de ese país, *La Prensa*, dio su respaldo editorial al caudillo de la derecha a pesar de las acusaciones de corrupción en su contra durante su desempeño en el despacho capitalino. La familia Chamorro, propietaria del periódico, miraba con buenos ojos que Alemán derrotara en las urnas al ex presidente y máximo comandante sandinista Daniel Ortega, quien supuestamente volvería a introducir en el país un sistema de corte marxista leninista.

Se salía de esta realidad el matutino *El Nuevo Diario*, que había surgido de una disputa ideológica entre los propietarios de *La Prensa* a comienzos del Gobierno sandinista en los años ochenta. El perfil escarlata de sus dueños y editores le daba al diario el impulso necesario para comandar desde sus páginas informativas y de opinión la tarea de denunciar todos los actos ilegales que rodeaban la figura de Alemán. Ese ejercicio periodístico ya lo había hecho *El Nuevo Diario* en los tiempos en que Arnoldo dirigía los destinos de la capital, y por eso en la pequeña sala de redacción del diario se respiraba algo de impaciencia por destapar las movidas oscuras de la nueva administración.

Excepto por las ganas escrutadoras de este tabloide, la luna de miel entre el Gobierno y los medios duró un año y medio, hasta que apareció por el Caribe ese huracán que dejó en Nicaragua, entre octubre y noviembre de 1998, 3.004 muertos, 970 desaparecidos y 987 millones de dólares en pérdidas, según cifras de la Comisión Económica para América Latina (Cepal). Los infortunios en la historia inmediata de Nicaragua no han dado tregua: cuatro décadas de dictadura, un terremoto en 1972 que sepultó el centro histórico de la capital, diez años de guerra revolucionaria y, para rematar, el huracán Mitch.

Esta vez la suerte jugó a favor de los países afectados, ya que varias naciones donantes y organizaciones internacionales reaccionaron de prisa para socorrer la urgencia centroamericana. Se conformó rápidamente el Grupo Consultivo para la reconstrucción de Honduras y Nicaragua, el cual tuvo su primera reunión de importancia en Estocolmo, Suecia, del 25 al 28 de marzo de 1999, cinco meses después de la tragedia.

Hasta esas tierras escandinavas llegó la nutrida comitiva de Nicaragua: mal contadas, unas sesenta personas. En las reuniones diplomáticas, los viajeros expusieron realidades dolorosas que buscaban, por encima de los apoyos protocolarios, dineros frescos para sacar al país de la bancarrota. Lo lograron a tirones, pero con condiciones concretas: los donantes exigieron transparencia en el Estado, a raíz de las palabras del contralor Agustín Jarquín, quien ya se advertía como una piedra en el zapato del régimen.

El discurso del contralor era una molesta interferencia en el alegato oficial, que defendía la pureza de la administración. Alemán, en venganza, lo mandó a la cárcel un año después, ya que se atrevió a cuestionar los orígenes de su fortuna personal: 250 millones de dólares, fruto del sudor y de una herencia familiar. Jarquín, por el contrario, decía que ese patrimonio había crecido en novecientos por ciento entre 1990 y el 2000, desde la época de alcalde de Alemán hasta el paso presidencial. Tras dormir un mes y medio en un calabozo de alta seguridad por un delito menor —contratación indebida de un funcionario—, Jarquín fue liberado en la Navidad de 1999 a raíz de la amenaza de Japón, Suecia, Canadá, Estados Unidos y España de suspender sus donaciones.

En ese frío primaveral de Estocolmo, al Presidente, tildado por los caricaturistas como 'Gordomán', también se le escapó otro detalle: la presencia de su novia, María Fernanda Flores, quien reemplazaría sus años de viudez. El enviado especial de *La Prensa*, Gustavo Ortega, le preguntó concretamente por la estadía de su acompañante en una reunión de trabajo. Alemán le contestó: "¿Cuál es el problema? ¡No ando ni con tu hermana, ni con tu esposa!".

Su vozarrón tal vez intuía que su relación de respeto mutuo con los medios se derrumbaba. Ante todo, porque los periodistas empezaron a indagar por los gastos del Presidente en sus viajes y, de paso, por la presencia de esa mujer, una profesora veintitrés años menor que él.

Lejos de ser escuetos y diminutos, los periplos oficiales se transformaron en un carnaval de derroche durante los cinco años del mandato. Y los medios, cada vez que pudieron obtener información privilegiada, publicaron estas andanzas financiadas a punta de tarjetas de crédito, que se pagaban con fondos públicos.

Los reportes de facturas filtrados a la prensa por funcionarios molestos con el proceder del jefe de Gobierno mostraban que se gastó 1.8 millones de dólares con dos tarjetas American Express, pagadas por el Banco Central. Al desmenuzar los desembolsos, las comitivas presidenciales recorrieron cuarenta países, en los que se destacaron algunos caprichos como 2.540 dólares gastados en el cabaret Lido de París, en una noche de marzo de 2000. O las cuentas de 22.530 dólares en alfombras egipcias y 37.627 en *souvenirs* hindúes.

De todos los "tarjetazos", como bautizaron los periódicos al bacanal con dinero plástico, la obra cumbre ocurrió cuando Nicaragua estaba en emergencia por un nuevo desastre natural: la erupción del volcán Cerro Negro, al lado de León, la segunda ciudad del país. Era el 6 de agosto de 1999, ni siquiera a un año de distancia del Mitch, y el Presidente había viajado a Miami para comprometerse con su novia en la ceremonia más fastuosa que recuerda el segundo país más pobre del continente.

En la misma *suite* que alguna vez utilizó Al Capone, el mandatario nica mataba el tiempo en las horas previas a la celebración del anuncio de su boda. En los otros cuartos —de 1.500 dólares la noche— del exclusivo hotel Biltmore, se quedaron los cerca de trescientos invitados, la mayoría funcionarios del Gobierno, que llegaron a Florida en vuelos chárter. Todos habían recibido en Managua unas tarjetas confeccionadas en papel color crema con un borde en relieve, en las que los padres de la novia, José y Norma, les pedían confirmar su asistencia.

El jardín del Country Club lucía varios arreglos florales y se divisaba impecable para el brindis. El traje gris perla de la novia de 30 años ya estaba listo y medido desde Managua. Los invitados observaban asombrados las instalaciones del edificio, una réplica de un castillo medieval. Aunque una torre parecida al campanario de La Giralda de Sevilla era un lujo de proporciones, lo que más llamó la atención de los comensales fue la historia de que el lugar había servido de locación para la película *Los cazafantasmas.*

El único que no gozaba de las atenciones de la familia era el enviado especial de *La Prensa* al compromiso, el recién asumido jefe de investigaciones, Roberto Fonseca. Los anfitriones, José y Norma, no le habían mandado invitación, pero de todas formas se alojó en el Biltmore por cuenta del periódico. Como fuera, tenía que registrar los detalles de la fiesta. Se arregló lo más que pudo y bajó en silencio a los salones. Sin embargo, el jefe de seguridad lo detuvo en la entrada para evitar el enojo del novio.

—¡Hijueputa, Roberto, ¿qué estás haciendo aquí?!

—Bueno, me invitaron —fue lo primero que se le ocurrió decir al curtido periodista.

—¡No seas tapudo! Sí yo vi la lista y vos no estás ahí.

—Bueno, no sé, vine a dar una vuelta.

—¡Quién sabe si entrás!

La suerte estuvo de su lado. En las otras mesas, los hombres de seguridad estaban pidiendo las invitaciones y se formaban pequeñas filas. Por la altura del acontecimiento, al entrar el patrón y ver la molestia de los invitados VIP, mandó a sus escoltas a bajar la guardia. "Que entre todo el mundo", ordenó en voz alta.

Y entre todo ese mundo venía el invitado de piedra, Roberto Fonseca, que pudo registrar para todo el país, en la sección "Enfoques" de fines de semana de *La Prensa*, los detalles más recargados del festejo.

Conversó con banqueros, jueces y funcionarios. Observó el momento cuando monseñor Eddy Montenegro, el vocero de la Conferencia Episcopal, bendijo los anillos. La novia lucía perfecta. Los lectores se enteraron del menú de camarones con coñac y salmón en salsa de champán, y también del instante más recordado de la fiesta: entró en escena la mayor autoridad en el mundo de los boleros, el mexicano Armando Manzanero, quien, con la ayuda de trescientas voces, le entonó a una pareja de enamorados:

> Somos novios,
> pues los dos sentimos mutuo amor profundo,
> y con eso ya ganamos lo más grande de este mundo.
> Nos amamos,
> nos besamos como novios,
> nos deseamos
> y hasta a veces sin motivo
> y sin razón nos enojamos...

Eran los mejores días del caudillo. Sólo se podían comparar con su destacado paso por la Escuela de Leyes en la Universidad Autónoma de Nicaragua, en León, o con sus inicios agitados en las juventudes somocistas. Pero no iba a durar mucho tiempo su periodo de gloria porque la pluma de los medios de comunicación tomaría un rumbo ácido y punzante.

En honor a la exactitud, tres meses antes del festín en Miami el semanario nicaragüense *Confidencial* denunció una serie de maniobras soterradas de varios funcionarios del Gobierno, tras la llegada de recursos frescos para la reconstrucción del país pos Mitch. En esa época, la *newsletter Confidencial* era un semanario casi desconocido para la multitud, pero muy influyente en los círculos políticos y empresariales, a pesar de que su tiraje no pasaba de los mil ejemplares. Al mando del veterano periodista Carlos Fernando Chamorro, intentaba rescatar el oficio del periodismo de investigación como fórmula informativa. Pese a la escasa fama del boletín, Chamorro se presentaba como un personaje reconocido en la realidad nicaragüense, ya que en su hoja de vida constaba que era hijo de la ex presidenta Violeta Barrios de Chamorro (1990-1996) y de Pedro Joaquín Chamorro, el director de *La Prensa* asesinado por la dictadura somocista en 1978. La gente del común también lo ubicaba porque desde su juventud había abrazado el periodismo de trinchera. En los ochenta, junto a un grupo de reporteros de izquierda, lideró *Barricada,* el diario oficial de la revolución sandinista, por lo que jamás participó en el proyecto editorial de su padre.

La primera investigación periodística a su cargo que tocó las fibras del régimen de Alemán fue la que cuestionó una carretera asfaltada de dieciocho kilómetros. A los reporteros les resultó sencillo comprobar, en marzo de 1999, que la única gracia de ese camino obedecía a que unía las tres haciendas del Presidente en El Crucero. Se trataba, en los papeles oficiales, de una inversión vial de trescientos mil dólares destinada a solucionar problemas de tráfico, cuando un estudio del Ministerio de Transporte reveló dos años después que por esa calzada no pasaban más de veinte carros diarios, casi todos de la flota de 'Gordomán'.

El periodista Oliver Bodán, de *Confidencial,* quien también se fogueó en el desaparecido diario *Barricada,* logró que la Contraloría le pasara un documento técnico con todas las inversiones en infraestructura en la época del huracán. Le llamó la atención un rubro específico de diez millones de dólares, producto de donaciones del Banco Interamericano de Desarrollo (BID) y de otros organismos para atender las emergencias del Mitch. La tragedia había deshecho buena parte de la carretera Panamericana que une al país con Honduras, tanto por Occidente, León y Chinandega como por el norte del país, Ocotal y Somoto. Lo que descubrió Bodán al examinar los documentos fue que dentro de estas cuentas estaba incluida la supercarretera, pese a que las zonas afectadas se encontraban muy lejos.

Por esos días de marzo de 1999 andaba de gira por el istmo el presidente de Estados Unidos, Bill Clinton. Con su aire bonachón visitó en terreno los destrozos de la catástrofe. Llegó hasta Posoltega, el municipio que padeció el deslave del volcán Casita, y lo comparó con un paisaje lunar. Mientras el líder demócrata estadounidense ofrecía la chequera de su país —unos 956 millones de dólares—, el reportero Oliver Bodán insistía en el tema de la carretera y comprobó, *in situ,* que la única función de ese camino de asfalto era comunicar a las haciendas Santa Isabel, El Chile y La García, las tres propiedades de Alemán.

La primera página del semanario con la foto de la autopista fue comidilla en el mundo político, pero se esfumó en los estantes de la Contraloría luego de que el Partido Liberal Constitucionalista, PLC, y el Frente Sandinista firmaran el "Pacto": un acuerdo de la derecha y de la oposición que, entre otras cosas, se repartía la Contraloría entre liberales y sandinistas y establecía cuotas para cada uno en el resto de los poderes del Estado. Era una alianza donde Alemán se mostraba sonriente al lado de Daniel Ortega, y entre ambos se prometían una tregua para no fisgonear judicialmente en sus errores del pasado.

Confidencial siguió en la tónica de las denuncias. Esta vez, sus dardos investigativos se dirigieron contra el llamado "Vladimiro Montesinos de Arnoldo Alemán", que en ese entonces se manejaba como director general de Ingresos. A Byron Jerez su jefe lo había conocido como empresario de bluyines en Miami unos años atrás, y ahora en el poder el mandatario le destinaba la misión de manejar los recursos del Estado.

El estatus de Jerez se vino a menos por una pelea de sobornos entre un supervisor del Ministerio de Transportes e Infraestructura (MTI), el ingeniero José León Prado, y los ejecutivos de una empresa contratista: Modultecsa. El analista del ministerio vigilaba los contratos de varios proyectos del Mitch y denunció que la empresa hacía negocios oscuros con esta cartera. De inmediato fue desacreditado por el ministro del ramo y acusado de participar en ese episodio delictivo en calidad de cómplice. El testimonio no valía entonces para las autoridades por estar dentro de los repartos subrepticios.

Los periodistas no escucharon las razones del ministro. El reportero Oliver Bodán y su jefe, Carlos Fernando Chamorro, lo buscaron, lo convencieron para que hablara en calidad de testigo y pudieron sacar a luz pública que bajo ese contrato de emergencia del huracán en la zona costera de Pochomil Viejo estaba un negocio particular de Byron Jerez. La principal revelación consistía en que parte del dinero del huracán fue destinado a la construcción de una terraza de 1.50 metros de altura, 75 de largo y 15 de ancho para la base de su mansión de descanso, que miraría el océano Pacífico.

A pesar de que en Nicaragua no existe una ley de acceso público a los documentos, en cuestión de cuatro meses de investigación periodística, en los que consiguieron los testimonios de varios implicados, la *newsletter* tuvo acceso a los archivos oficiales del ministerio sobre este caso. Para mal de los funcionarios, quedó el registro escrito de que La Terraza o el corredor del palacete de verano de Jerez estaba incluido en los recursos del Mitch por cerca de noventa mil dólares.

Lo curioso de la historia, que causó conmoción pública, fue que los organismos de control reaccionaron en forma pasiva y el caso murió en los juzgados. Se cumplía así, según los reporteros de *Confidencial,* una de las cláusulas no escritas del "Pacto" entre sandinistas y la derecha de no molestarse en los estrados judiciales.

Todo lo contrario a la reacción de Byron Jerez, que desde su despacho en la Dirección General de Ingresos, DGI, empezó a investigar hasta el último detalle los estados financieros de la empresa periodística *Confidencial.* Sus órdenes directas se resumían en dos componentes que afectaban al semanario: por un lado, la publicidad estatal quedaba paralizada en las páginas de la *newsletter,* y, por otro, los empleados del DGI debían ser minuciosos al revisar los pagos oficiales hechos a la publicación. Ni hablar de evasión de impuestos, pues los medios adversos conocieron desde ese momento el término "terrorismo fiscal". "Estábamos en la lista negra", recuerda Carlos Chamorro.

Gracias a la serie de denuncias periodísticas sobre La Terraza, los nicaragüenses se enteraron quién era el hombre de confianza de Alemán. En los meses siguientes la avalancha de acusaciones seguiría y en casi todos los periódicos se mostraría con detalle hasta dónde llegaban los tentáculos de este administrador de empresas, nacido en Costa Rica, que entonces tenía la misión de manejar los dineros públicos de Nicaragua.

Los "checazos" de *La Prensa*

No tardó demasiadas estaciones en cambiar su pensamiento editorial el periódico *La Prensa,* el más prestigioso del país. Tampoco la nueva unidad investigativa, que estaba ansiosa por salir a destapar los pozos podridos del Gobierno. En la pequeña oficina de la sala de redacción destinada a esas labores ya reposaban algunos archivos sobre las andanzas de Byron y de su jefe denunciadas por *Confidencial*. En sus justas dimensiones, se celebró el alejamiento del diario de la ideología de la casa presidencial.

Los periodistas Roberto Fonseca, Jorge Loáisiga y Eduardo Marenco, todos con trayectoria en temas espinosos, despuntaron sus investigaciones con varios reportajes sobre documentos desclasificados en Estados Unidos. Entre otros artículos, mostraban un *affaire* por el descubrimiento en El Salvador de unos cohetes heredados de la guerra sandinista en los ochenta. Además, las páginas del periódico de la familia Chamorro empezaban a registrar con ironía y preocupación los constantes viajes oficiales y el papel público de la esposa del mandatario. Al respecto, el analista de medios Guillermo Cortés Domínguez explica que el giro editorial de *La Prensa* fue considerado como el momento en que se retomó la política de fiscalización que había liderado Pedro Joaquín Chamorro hasta su asesinato en 1978, en el atardecer del régimen somocista.

Coincidencia o no, justo en la época de la voltereta editorial un grupo de temidos auditores de la Dirección General de Ingresos (DGI), se sumergieron a husmear los balances financieros del periódico que mostraban un desajuste de varios millones de dólares. Byron Jerez aplicaba estos mismos métodos, en otro sector de la ciudad, al semanario *Confidencial*.

Un año antes, en 1998, *La Prensa* había invertido setecientos mil dólares para competir en la industria de artes gráficas y en la impresión de publicaciones. A pesar del esfuerzo, no le alcanzó para ganarse la licitación de la guía telefónica nacional ese año, pese a cumplir con los requisitos y presentar una oferta tentadora. La colombiana Publicar, del grupo Carvajal, se impuso en la disputa comercial y se quedó con un contrato estatal que, por cierto, se ha prolongado en el tiempo.

Aunque era un pulso de poder, el negocio de las guías blancas y amarillas logró abrir un boquete que nunca se cerró entre los dueños del periódico —cercanos al empresariado tradicional— y los círculos de Alemán. Sumado al "terrorismo fiscal" de Byron Jerez buceando en la contabilidad de *La Prensa*, los periodistas investigativos tuvieron todo el respaldo del consejo editorial para abanderar unas denuncias que ya se paseaban díscolas —en carpetas y expedientes— por ambientes políticos y judiciales.

Con el guiño de la casa, los sabuesos de *La Prensa* entraron en escena. Lo primero que destaparon fue la adquisición de grandes mansiones al sur de la capital, camino a Masaya, por parte de varios funcionarios allegados al Presidente. Tan sólo con dar una vuelta por la zona, a los periodistas les resultó fácil comprobar que ministros y altos directivos de entidades como el Banco Nicaragüense de Industria y Comercio (Banic), se saludaban en las mañanas como vecinos ricos de toda la vida, pese a que hacía unos meses vivían en barrios de medio pelo.

También comprobaron que la familia del Presidente andaba comprando tierras en varias zonas del país, gracias a que grupos de campesinos llamaban a la redacción del periódico a denunciar las anomalías. Según comenta el director de *El Nuevo Diario*, Danilo Aguirre, fue su rotativo el que primero escuchó esas voces de reclamo y denunció el apetito presidencial por la adquisición de predios.

Una de esas llamadas, de la cooperativa Santa Ana —de ex combatientes militares de la guerra de los ochenta—, aterrizó en la unidad investigativa de *La Prensa*, por lo que de inmediato los reporteros empezaron a rastrear los hilos de la historia hasta llegar a La Chinampa, una finca de 615 manzanas ubicada en la salida vieja de la capital hacia León.

Los Alemán construyeron esa mansión de maderas finas con el propósito de liderar un proyecto agropecuario de siembra de aguacates, limones y otras especies, con un cálculo de rendimiento de veinte millones de dólares en el largo plazo. La ambiciosa empresa productiva se llamaba Geninsa, y uno de los dueños era nadie menos que la hermana del presidente, Amelia.

Este hallazgo noticioso se sumó a la información de que para la compra de la hacienda La Chinampa, Geninsa le había pedido al Banic un crédito por 859.255 dólares, el cual se obtuvo en forma expedita el 9 de enero de 1998.

Como las denuncias anónimas sobre casos similares al de La Chinampa proliferaron en las secciones del diario, el equipo investigativo publicó otra serie de reportajes que mostraban compras y transferencias turbias en la Dirección General de Ingresos, DGI, el búnker de Byron. Una fuente vinculada al Gobierno se reunió con los tres periodistas y les contó con palabras sueltas y sin grabadora varios negocios del "Montesinos" nica, también comparado con el contador del cartel de Cali, Guillermo Palomari.

El soplo les caía del cielo. El jefe de la unidad investigativa, Roberto Fonseca, el mismo que más tarde se colaría en el compromiso de boda de Alemán, ya estaba metido de lleno averiguando unas compras de la DGI a una firma naviera con sede en Miami, que pertenecía al hermano de Byron. Al viajar uno de los reporteros a Florida, comprobó en terreno que esas compañías eran de papel y que las direcciones correspondían a lotes vacíos.

Junto a los otros dos periodistas de la oficina, Marenco y Loáisiga, trabajaron consultando fuentes fidedignas los tres primeros meses de 2000, hasta que el 15 de marzo de ese año lograron documentar que las compras del Estado a estas empresas tenían vicios por pertenecer a familiares de Jerez. Eran negocios de sangre, entre hermanos. Ese descubrimiento se transformó en una bomba noticiosa de *La Prensa* y marcó el distanciamiento definitivo con Alemán. El Presidente, un viejo zorro de la política criolla, brindó declaraciones en las que deslindó responsabilidad en las acusaciones: "Son raterías de Byron", alcanzó a decir.

En esos primeros meses del siglo la guerra estaba declarada entre el periódico y el Gobierno. No en vano a las modernas oficinas del edificio de una sola planta de *La Prensa* comenzaron a llegar en bandada funcionarios molestos por el accionar de sus superiores. Muy pronto el archivo de la "lavandería de Alemán" se engrosó como ningún otro expediente periodístico.

En medio de este pulso, los periodistas sacaban cuentas en limpio y llegaban a la conclusión de que debían focalizar mejor las investigaciones. Y ser rápidos, pues un mensajero de la DGI ya había radicado en el periódico el reparo fiscal por evasión de impuestos. Además, el Presidente desempolvó una petición al Gobierno para sacar un jeep sin pago de tributos, hecha por el editor, Roberto Fonseca, años atrás. "Qué habla ese maje [hombre] de corrupción si pidió eso", recuerda el periodista que le espetó públicamente el mandatario.

De todas las denuncias que llegaban, los reporteros de *La Prensa* enfilaron sus sospechas hacia los movimientos financieros de la DGI. La agilidad mental de Byron Jerez lo llevó a solicitar notas de crédito a otras entidades, como a la Empresa Nicaragüense de Petróleo, Petronic, para pagar compras oficiales a unos terceros. El cheque llegaba a las oficinas de Byron, según publicó en sendos reportajes el medio escrito, y terminaba canjeado en una casa de cambios, Multicambios, por dólares frescos, que eran depositados en cuentas panameñas cercanas a Jerez.

Esta primera entrega de publicaciones, que se llamó "Los checazos", obligó a reaccionar a la Contraloría, ya repartida entre liberales y sandinistas, que sancionó administrativamente a Byron Jerez. Lejos de ser un castigo, consistió en una sentencia moral que no impidió al involucrado celebrar el fallo en un conocido restaurante de la capital con amigos y tragos. El consuelo para *La Prensa* fue que por esta investigación obtuvo el premio de la Sociedad Interamericana de Prensa (SIP).

Resultó tan seguida la artillería de denuncias en los medios sobre los negocios de Jerez, que el hombre de la chequera estatal se quejó de que llevaba treinta días en las portadas de los periódicos. Pero se quedó corto, porque sus actos ganarían otras ediciones en los meses siguientes. Con la salida intempestiva de Roberto Fonseca del matutino por diferencias del Consejo Editorial con sus columnas semanales, Jorge Loáisiga asumió las riendas del caso de los cheques, que se cerraría año y medio después, en noviembre de 2001, tras recibir nuevas pistas. Después de Fonseca, Loáisiga era el periodista más experimentado para estos temas. Antes de ser parte del *staff* de *La Prensa*, había trabajado en el extinto diario *La Tribuna* y en *Radio Universidad*, donde se granjeó el respeto y la admiración, más allá de su reconocido apego al sandinismo y de su paso por el servicio militar obligatorio en tiempos de guerra.

Ese lunes 12 de noviembre de 2001, Loáisiga se ganó el titular de su periódico: "Checazos a Alemán", en el que se cerraba, por fin, el círculo de una serie de transferencias de dineros públicos a cuentas privadas, que tocarían a la familia del entonces Presidente. Además, lo harían merecedor del premio 2002-2003 a la mejor investigación periodística de América Latina, que entregan todos los años Transparencia Internacional y el Instituto Prensa y Sociedad (Ipys).

En el transcurso de esta investigación, los informadores se toparon con una fuente estilo "garganta profunda", que les aportó copias de los cheques que cambiaba Byron, el recaudador de impuestos, y que luego enviaba a sociedades anónimas foráneas. En el mundillo periodístico de Managua dicen que se trataba de Rafael Córdova, antiguo jefe de auditoría de la Contraloría, en los tiempos de Agustín Jarquín, el mismo que terminó tras las rejas por discutir el patrimonio de Alemán. Sin la presión de una entrevista formal, algunos periodistas nicas afirman que Córdova estaba resentido por haber sido despedido de la entidad de control, y por ese motivo le pasó todo el expediente de "Los checazos" a *La Prensa*, que más tarde lo contrató como asesor en varios proyectos. Sobre este tema en particular, Loáisiga opta por mantener bajo llave la identidad de su fuente.

Córdova tiene otra versión de los hechos. Sostiene que en enero de 2001 denunció al entonces Presidente ante la Procuraduría por actos de corrupción, ya que en su trabajo como funcionario tenía declaraciones de obreros que habían trabajado en las haciendas del Patrón, de secretarias y de archivadores que denunciaban su accionar. "La gente tenía confianza de que iba a hacer algo con esos papeles", aclara.

Sin embargo, niega que les entregara a Loáisiga y a su equipo el informe sobre los abusos en las notas de crédito de Byron. Jura que toda esa información se quedó en los estantes de la Contraloría, y que se le sacaron quince copias, que en definitiva terminaron en manos de los reporteros.

Gracias a los informes de la fuente, la unidad investigativa se puso en la misión de chequear todos los documentos. Viajaron a Panamá. Loáisiga descubrió que en el reverso de uno de los cheques aparecía el nombre de una empresa, que no estaba registrada ni en Panamá, destino de los cheques, ni en Managua. Pero al buscar con un abogado en el registro de la ciudad pudieron establecer que se trataba de una sociedad panameña y que estaba a nombre de Byron. "Sacaban el cheque que llegaba a la DGI y lo iban a cambiar a la casa de cambios, donde emitían otro cheque en dólares a favor de Jerez en su cuenta de Panamá", explica Loáisiga.

Al seguir la ruta de los dineros, *La Prensa* también encadenó que algunos cheques que pasaban por la oficina del "Montesinos" nica eran utilizados para pagar las deudas que tenía Geninsa, la misma empresa que compró la finca productiva de aguacates y limones, que pertenecía al clan Alemán, con un préstamo del banco estatal.

La conclusión más reveladora de estos datos fue que por medio de estas operaciones financieras lograron unir los tentáculos de Byron con los negocios familiares de su jefe. Tan sólo en los reportes de las autoridades panameñas se hablaba de sesenta millones de dólares que, salidos del Estado nicaragüense, hasta el cierre de 2005 estaban embargados en cuentas de ese país.

Parecía premonitorio que los últimos meses de gobierno del caudillo se transformaran en un constante bombardeo de denuncias periodísticas. Tanto *El Nuevo Diario*, *La Prensa*, *Confidencial* y el *Canal 2* se fueron lanza en ristre contra la actuación del Presidente y los cada vez más evidentes casos de corrupción.

Elegido Bolaños presidente, fue el procurador en funciones, Francisco Fiallos, quien reveló en una conferencia pública "La Huaca", como se le llamó al caso de cerca de cien millones de dólares extraídos por Alemán y sus allegados de las arcas del Estado, que terminaron lavados en bancos extranjeros. Según cálculos del periodista Loáisiga, los más de diez mil cheques de instituciones estatales y privadas usados en operaciones ilícitas equivalían a casi al presupuesto de salud o de educación del año 2002.

Aunque los periodistas son cautelosos al recordar esos tiempos, lo cierto es que esa nueva etapa de denuncias, que arrancó con el nuevo Gobierno, respondió a filtraciones judiciales. Las instancias oficiales, con la venia del poder ejecutivo, se dieron cuenta de que pasar información a los medios era una buena herramienta para destruir la reputación de Alemán.

El entonces procurador general de la República, Alberto Novoa, que en esa época se encargó de investigar varios casos de corrupción, reconoció la labor de cajas de resonancia de la prensa local para desacreditar al caudillo. "Aprendí a filtrar información, porque me decían los periodistas que les interesaba algo. Las empatías lograron crear un clima y una atmósfera de confianza, pues ellos correspondieron al publicar pruebas que, de otra manera, se hubieran olvidado", sostiene.

En todas estas denuncias se evidenciaba el uso de los recursos del Estado en triangulaciones o compras con fines particulares. No obstante la certidumbre de los hallazgos que acorralaban a 'Gordomán', aún estaba lejos el día que este perdiera su poder político, y mucho más distante aquel en que la justicia lo pudiera encerrar en una cárcel.

El derrumbe de la coraza

Acostumbrados a la inmunidad, algunos de los caciques liberales más emblemáticos de Nicaragua debieron soltar una risotada al ver, por televisión, que una desconocida juez suplente se montaba en un viejo bus colectivo para moverse por las calles de Managua. Cuando faltaba un automóvil oficial, en esos días de marzo de 2002, era su medio de transporte para realizar las diligencias de un caso judicial que, entre otros menesteres, pretendía encausar al ex presidente Arnoldo Alemán.

Gertrudis Arias era el nombre de esa juez de pasado obrero y empleada doméstica en Costa Rica, que tenía nada más que veinte días para descifrar el enredo jurídico que le había caído por azar en su escritorio provisional, ubicado en un rincón de los juzgados. Desde el antiguo complejo Nejapa, al sur de la capital, no iba a perder un minuto de su tiempo para sancionar a los responsables. Los periodistas, que ya habían desprestigiado al antiguo Gobierno con varias publicaciones, intuían su premura y la seguían a una distancia prudente de esos buses amarillos Blue Bird que los transportistas locales compraban de segunda o por descarte.

El expediente 323 / 2002, bautizado por los medios locales como el "Caso del *Canal 6*", la televisora pública del país, llegó al despacho del Juzgado Segundo de Distrito del Crimen de Managua en los primeros días de marzo de 2002. La carpeta señalaba la detención de tres personas por los delitos de malversación de caudales públicos y fraude al fisco. Pero los 347 folios cargaban además un arsenal de investigaciones policíacas al que urgía darle curso, según Gertrudis. Todo lo contrario a la rutina de los ocupantes de ese despacho, que se refrescaban con abanicos y mandaban ese tipo de procesos "calientes" a comer polvo hasta su preclusión.

La juez suplente, a quien días después el entonces diputado Alemán tildó de "india" por sus pómulos salidos y el color de su piel, llamó a declarar a todos los involucrados. Recibió hasta cinco testimonios diarios, antes de que terminaran sus tres semanas de fama y volviera a su antigua rutina de secretaria judicial. La mayoría de los testimonios involucraba al ex mandatario, incluso el de los más apegados al ex jefe de Estado. De allí que desde su emisora *La Poderosa*, la voz ronca del patrón liberal, los acusara de "ingratos" y "traidores".

Para la autoridad judicial quedaban al descubierto manejos oscuros dentro del canal estatal, que durante el Gobierno de Arnoldo Alemán Lacayo tenía el propósito de llegar a todos los rincones de los cerca de 130.000 kilómetros cuadrados del país. Se trataba de un proyecto de televisión que compitiera con las señales extranjeras sintonizadas por los nicaragüenses en la frontera con Honduras y Costa Rica, justo donde las emisoras nacionales tenían muy poca cobertura, como el mismo Estado. También intentaba mejorar la imagen presidencial, desgastada por varias publicaciones de los diarios *La Prensa* y *El Nuevo Diario* y del semanario *Confidencial* sobre otras operaciones *non sanctas* del Gobierno con dineros públicos. Bajo el eslogan "Una imagen para Nicaragua", la señal transmitía el programa *El Presidente habla con su pueblo*, al mejor estilo del *Aló Presidente* venezolano.

Eso en el papel, porque detrás de las mediáticas intenciones de la casa presidencial estaban unos movimientos subterráneos de 1.3 millones de dólares de funcionarios del Gobierno, camuflados en la compra de equipos de transmisión y de programación a la mexicana *TV Azteca*. A través de varios cheques girados por otras entidades públicas para montar la señal, se extrajo de las arcas del Estado esa millonaria suma, que fue a parar a cuentas en el extranjero. La juez, al escuchar la declaración de los funcionarios y registrarla en una vieja máquina de escribir, pudo establecer que recibían órdenes directas de Alemán, en su calidad de jefe de Gobierno.

Por más testigos que lo inculparan como el cerebro de esta operación de desvío de dinero, no era una empresa fácil acorralar al ex mandatario. Semanas antes, Alemán se había blindado astutamente al cumplir su tiempo presidencial y conseguir automáticamente por ley el fuero parlamentario. El mismo 10 de enero que entregó la banda azul y blanca saltó a la Asamblea Nacional como diputado, y el 17, una semana después, asumió la jefatura del legislativo cuando el entonces presidente del Congreso, Óscar Moncada, le cedió el cargo. Compuesta por noventa y dos diputados, la mayoría de ellos liberales, esta corporación era uno de los fortines del caudillo. Con esa coraza parlamentaria nadie lo podía tocar. Menos una juez sandinista con los días de suplencia contados, que de lunes a viernes abordaba la ruta 103 y que no ganaba más de trescientos dólares mensuales.

Alemán aprovecharía el escenario legislativo para empujar varios proyectos de ley orientados a coartar la avalancha de denuncias que los medios de comunicación publicaban gracias a filtraciones judiciales. Uno de ellos, retirado luego por las protestas de periodistas, pretendía tipificar "el delito de desacato a los órganos del Estado" con penas de hasta cinco años por la publicación de noticias que ofendieran a empleados públicos. Era la venganza del caudillo por el comportamiento de los medios frente a su administración.

Lo que no estaba en los planes del congresista Alemán era que su caso ya había sido discutido en los más altos círculos del poder fiscalizador en Nicaragua. Por esos días, el recién nombrado procurador especial, Alberto Novoa, se reunió para tratar el tema con el nuevo presidente Enrique Bolaños, otrora delfín y vicepresidente de Alemán, además de un mimado de la embajada estadounidense. Con el guiño de los norteamericanos, para el novato mandatario valía la pena la jugada que atajara los bríos de liderazgo que mostraba un renovado Alemán desde su podio parlamentario.

La operación en su contra comenzó cuando un ex funcionario de la administración de Alemán fue a reclamar a nombre del *Canal 6,* y con la frente en alto, un cheque de 270.000 dólares. En el nuevo Gobierno sonaron las campanas de alerta. La situación llegó a oídos de Bolaños, quien se estrenaba en el poder y quien en campaña, empujado por las denuncias de los medios de comunicación, había prometido una lucha frontal contra las impurezas del mandato anterior.

Desde el despacho de la Vicepresidencia, a unos metros del edificio parlamentario en el viejo centro de la capital, salió la llamada telefónica que buscó a Alberto Novoa, un abogado que andaba por esos días dictando cátedra de derecho penal en las aulas jesuitas de la Universidad Centroamericana (UCA). Le ofrecieron liderar esa investigación por fraude al Estado. Novoa analizó las pesquisas preliminares, vio que se trataba de dinamita política y le pidió cita privada al Presidente.

—Quiero resultados concretos —le dijo Bolaños en tono seguro.

—Pero, Presidente, en las investigaciones de la Policía no sólo podemos llegar al jefe de relaciones públicas y a otros involucrados. Esto le pega directamente a Alemán —le advirtió Novoa.

—Haga lo que la ley manda. Si hay que llegar a él, se llega —fue la respuesta del Presidente de Nicaragua.

De la reunión, Novoa salió con un aire de extrañeza. Era lógico. Si algún nicaragüense hubiera escuchado el diálogo también sentiría algo de curiosidad, porque ese hombre sereno y pausado que le acababa de hablar había sido en años anteriores la mano derecha de Arnoldo. Conocía, como Vicepresidente de la República, todos los vericuetos de un gobierno que había asumido las riendas el 10 de enero de 1997.

En pocos días el expediente desembocó en el segundo juzgado de unas dependencias que reciben toda clase de delitos: desde el robo de una gallina hasta el caso del boxeador del momento acusado por violación. La juez titular estaba de licencia por una auditoría a su propio despacho. Para no perder tiempo, su reemplazo, Gertudris Arias, confirmó la detención de los tres sospechosos y llamó a declarar a más de veinte personas.

Además de los empleados públicos de otras entidades oficiales que giraron los cheques para pagar los salarios, equipos y asesorías que requería el quebrado *Canal 6*, la juez buscó el testimonio de dos mexicanos, prófugos y partícipes directos de la trama. Fueron ellos los que sacaron la plata del país por medio de una empresa intermediaria entre el Estado y la multinacional mexicana *TV Azteca:* Servicios Generales Casco.

Las piezas de este entuerto eran los mexicanos Alejandro Toledo y Ricardo Galán. Este último, un personaje que había sido tres veces embajador mexicano en Nicaragua y quien tuvo una lúcida participación como diplomático en Colombia. El 27 de febrero de 1980, en pleno Gobierno de Julio César Turbay, una docena de guerrilleros del movimiento M-19 se tomó la embajada de República Dominicana, en Bogotá, donde se celebraba una recepción diplomática, y secuestraron durante sesenta y un días a catorce embajadores y otros invitados de etiqueta. Gracias a la gestión del mexicano, entre otros mediadores, los subversivos bajaron sus armas y pudieron asilarse en Cuba tras liberar a los secuestrados.

Casi veintidós años después volvía a aparecer en los periódicos el nombre de Ricardo Galán, pero en esta oportunidad el mencionado no dio declaraciones a la prensa. Al sentir los pasos policiales cerca hizo las maletas y desapareció del mapa.

Las intenciones de Arias apuntaban a tomarle la declaración a Alemán por este caso a donde fuera necesario. Tanto apremio obedecía a que le quedaban pocos días de trabajo y sabía que el ex mandatario estaba a punto de viajar a Grecia de vacaciones de Semana Santa.

Y como su inmunidad parlamentaria lo excluía de comparecer como testigo en el juzgado segundo, ella se plantó en la Asamblea Nacional el viernes 15 de marzo de 2002, unas jornadas antes de que Alemán abandonara el país. Pero al llegar al Congreso escoltada de periodistas sólo la pudo atender la "afanadora", la mujer que limpiaba las oficinas.

Tras ver la cara de disgusto de la juez en los pasillos del Congreso, los reporteros judiciales le contaron que el diputado se encontraba en su famosa hacienda El Chile. Un remanso construido en El Crucero, un municipio casi siempre con brisa y neblina, ubicado en una serranía a veinticinco kilómetros de la capital. Estaba de fiesta de despedida. "Vamos, pues", dijo ella, y partió acompañada de su secretaria con la máquina de escribir al hombro, del procurador y de la fiscal delegada: las autoridades legales requeridas para este tipo de procedimientos.

Como una estela de avión, la brigada de periodistas de radio, prensa y televisión también tomó la pista suburbana y subió por la carretera sur que se bifurca hacia León Viejo y El Crucero. Pero se topó con las murallas de la fachada. Pese a las brisas y a algunas nubosidades, el calor era seco ese viernes de marzo. Desde los portones de madera se divisaba la caseta con una cuadrilla de guardaespaldas con radios, guayaberas y armas cortas. A lo lejos se escuchaba música barata, pero no se podía intuir que magistrados de la Corte Suprema, del Consejo Electoral y diputados de su partido chocaban vasos de whisky con Alemán. Tampoco se veía el polémico helipuerto de treinta mil dólares que se mandó a construir.

La juez fue a golpear la puerta, pero los vigilantes negaron la presencia del dueño. "Vea, voy a tomarles el nombre de sus placas y voy a informar esto a sus jefes porque ustedes no pueden obstruir las diligencias de un juez —les sentenció. Inmediatamente se apareció el jefe de seguridad, que movía la cabeza en señal de que el patrón no estaba en el lugar—. Mire, no me pueden decir que aquí no está el doctor Arnoldo Alemán porque lo vengo siguiendo desde Managua. Sé que está enfiestado con los diputados y que están celebrando para entrar a vacaciones de Semana Santa porque se va para Grecia".

Recorrió el mundo la imagen de una juez que esperó cerca de una hora a las afueras de la finca a un ex presidente que se negaba a declarar ante las autoridades del país. La pluma del escritor Sergio Ramírez describió el episodio como "La justicia a medio sol".

Casi al mismo tiempo que los reporteros le aconsejaban que se quedara firme en el lugar, uno de los guardias le abrió la puerta. En la casona la recibió la esposa del ex gobernante, María Fernanda Flores. La hizo pasar, junto a su comitiva judicial, a una cómoda sala donde se destacaban un sillón imperial y una larga mesa. El entorno exhibía trofeos, adornos y cuadros.

En la sala ya estaba instalado un séquito de asesores, entre ellos su hermano Agustín. Entonces apareció el propietario de la casa con una gran sonrisa, los ojos enrojecidos y aroma a parranda. Lo primero que dijo fue: "Yo a usted la conozco".

Tenía razón. Alemán, con memoria de político de antaño, había declarado ante la misma juez tiempo atrás en calidad de ofendido por un pleito legal de tierras. En esta oportunidad, andaba vestido con una camisa clara y ropa de hacienda liviana, y llevaba un papel en una mano. Apenas la secretaria instaló la máquina de escribir, él se sentó al lado de un asesor en silla de ruedas. Las manos le temblaban al dueño de casa.

—Ya tenía lista la declaración, pues siempre he tenido la intención de declarar sobre este caso —esgrimió.

—Doctor, sin embargo, aquí me tiene ante usted, con el único interés de levantar su declaración de viva voz, queremos escuchar qué tiene que decir al respecto —dijo Arias.

—No tengo problemas. Estoy dispuesto.

El dueño de casa comenzó a leer unos párrafos técnicos y calculados. En su defensa alegaba que, como Presidente, sugirió mejorar la calidad de la señal de *Canal 6*. Recomendó que Enitel, la empresa nacional de telecomunicaciones, e Intur, el Instituto de Turismo, al ser instituciones solventes, aportaran el dinero para ese propósito televisivo. "En ningún momento se ordenó, sino que se sugirió", recuerda la juez que le dijo Alemán.

Luego de la cita judicial, el ex presidente no contestó preguntas a la prensa, por más espera que esta hizo en las cercas blancas y rojas de la entrada de la finca. Sólo se supo que el domingo siguiente Alemán llegó atrasado al aeropuerto para tomar a las diez de la mañana el avión de American Airlines. Junto a varios allegados, como acostumbraba en sus viajes oficiales, partió rumbo a Grecia, quizás como una maniobra calculada para capear el chaparrón.

Ya en la calma de su hogar, al lado de una parada de buses en la que no le cobraban el pasaje y frente a un instituto de medicina oriental, la juez redactó en un viejo computador la sentencia histórica: prisión para todos los involucrados, incluido el ex presidente aunque gozara de fuero parlamentario, por malversación de fondos públicos y fraude al Estado.

Era la primera vez que la justicia desafiaba al hombre con más poder en Nicaragua, por lo que entre los periodistas había un aroma de satisfacción al constatar que al fin sus denuncias habían tenido eco más allá de las sanciones administrativas. Por algo, la Universidad Centroamericana (UCA) sostiene que en los juzgados reposaban más de 150.000 folios ligados a los manejos turbios de ese Gobierno (1997-2002), y que jamás rozaron a los mandos altos del entorno del Presidente.

Por el peso de las pruebas, la juez Arias pidió a la Asamblea el desafuero de Alemán. El partido opositor con más adeptos, el Frente Sandinista de Liberación Nacional (FSLN), bajo el mando del ex comandante Daniel Ortega, se encargaría de quitarle la coraza parlamentaria y de decirle al ex presidente que en política como en la vida no se debe confiar en nadie, menos en el enemigo.

El arresto del patrón

No bastaba esa medida para derrumbar a Arnoldo. Tuvo que intervenir la embajada de Estados Unidos, casi silenciosamente, para precipitar los acontecimientos. Según reseña el libro *La corrupción en Nicaragua*, publicación de varios académicos encabezada por el abogado Manuel Aráuz, la caída de Alemán tuvo su génesis en la suspensión de la visa estadounidense de Byron Jerez, el "Montesinos" nica, en enero de 2002. "Jerez proscrito en Estados Unidos", tituló *La Prensa*.

A partir de ese momento, agrega ese libro de la Universidad Centroamericana, UCA, todos los organismos de control abrieron investigaciones para comprobar si Byron albergaba en su pasado hechos delictivos. Estaba bien adelantada la averiguación, ya que los medios habían destapado los documentos y los expedientes para encausarlo.

La cacería era rotunda y sin errores de cálculo. Desacreditado por varios reportajes, Jerez no pudo evitar su arresto en la tarde del 22 de abril de 2002 luego de un aparatoso operativo policial. Lo pillaron antes de que saliera del país con ropa ligera y un maletín con setenta mil dólares en efectivo y algunos certificados de depósitos en cuentas panameñas. Los procesos en su contra, como los checazos y los camionetazos —desvelados por *La Prensa*— lo mandaron a la cárcel Modelo de Tipitapa por malversación de caudales públicos, peculado y asociación para delinquir. Después, por orden judicial, cambiaría las rejas por una detención hogareña por problemas de salud.

Pero faltaba el pez más gordo de esta historia. A pesar de que todas las acusaciones en su contra ya las conocían los habitantes de Nicaragua gracias a las publicaciones de los medios, con el empujón del nuevo Gobierno de Bolaños, Arnoldo no tardaría en perder la inmunidad.

Sus movimientos delataban nerviosismo. En las manos de los investigadores de este libro existe una copia de los cuatro cheques de gerencia del banco Aliado de Panamá, por cuatro millones de dólares, en los que el ex presidente autorizaba a su esposa a retirarlos de la entidad. En la carta dirigida al banco, Alemán solicitaba: "Favor sírvase cancelar todas las cuentas que existan a nombre de Nicstate Development y emitir cuatro cheques de gerencia en forma proporcional a favor de las siguientes sociedades: Voria Holding, Budapest Corporation, Inversiones Kalteto y Teremina".

Se aproximaban días difíciles para el ex mandatario. El 12 de diciembre de 2002, en una acalorada sesión parlamentaria, la mayoría sandinista de la Asamblea le quitó la inmunidad al ex presidente liberal. El partido revolucionario ignoró el pacto de 2000, cuando se repartieron la Justicia de Nicaragua, y en el fondo Daniel Ortega y sus cercanos les mandaban el mensaje a sus enemigos políticos de que seguían gobernando debajo de la mesa. En la práctica, 47 diputados le hicieron caso a la juez Gertrudis Arias, y dejaron a Alemán a quemarropa ante la justicia.

Otra juez, Juana Méndez, antes combatiente guerrillera, fue la encargada de dictar el 7 de diciembre de 2003 la sentencia de veinte años de cárcel al ex mandatario por "fraude, malversación de caudales públicos, peculado y asociación para delinquir en perjuicio del Estado y la sociedad".

Méndez llevaba tres días viviendo en el complejo judicial, y trabajaba en la elaboración de este fallo crucial para Nicaragua. Por esa época los nicaragüenses católicos celebraban la tradicional fiesta de la Purísima en honor a la Virgen María, el 7 y el 8 de diciembre, mientras la funcionaria judicial preparaba el porvenir del ex mandatario.

En esos momentos de angustia, Arnoldo Alemán fue trasladado de su hacienda El Chile a los juzgados en su camioneta. Iba vestido con su camisa roja de costumbre, color que simboliza la bandera del Partido Liberal. Un grupo de simpatizantes que llegó a darle apoyo esperaba en las afueras del complejo judicial el veredicto del juicio "injusto".

Apenas conocieron la sentencia, alentados por un diputado, los seguidores de Alemán intentaron forzar los portones del complejo. También lanzaron piedras hacia el lugar en el que se había leído la resolución condenatoria. "Miré pasar a un policía ensangrentado", recuerda Méndez. El resto de los agentes del orden público que resguardaban el sitio recurrieron a bombas lacrimógenas para despejar la zona.

Después de los disturbios, los medios de comunicación le cayeron encima a la juez Méndez, ya que en la misma sentencia declaró inocente al brazo derecho de Alemán, Byron Jerez, quien ya había sido condenado por un jurado de conciencia en otro juicio que se llevó en su contra por actos de corrupción.

Los abogados de Alemán echaron mano de todas las cartas legales, incluso sentimentales, para sacar de prisión a su cliente y devolverlo a la tranquilidad de su finca. Aparte de las enfermedades que padecía, muy bien respaldadas en informes médicos antes de ser condenado, había perdido a su hijo en un accidente, a su hermana Amelia por cáncer y a su hermano Agustín, luego de un infarto.

La presión de los medios de comunicación para castigar la corrupción seguía latente. Más en momentos en que había sido condenado Alemán y permanecía en su hacienda purgando la pena. En la radio, en los canales de televisión y en las páginas de los diarios la gente opinaba que el ex presidente debía ser trasladado al sistema penitenciario, el lugar donde se encuentran los reos comunes.

En un arranque de firmeza, la juez Méndez tuvo que ejecutar la orden de traslado que emitió el Tribunal de Apelaciones, aprovechando que con la implementación del *Código procesal penal* se juntaron todas las causas abiertas contra Alemán en un solo expediente, en especial el "Caso del Canal 6".

El 19 de marzo de 2004 la juez sandinista llamó a su despacho a algunos jefes de la Policía Nacional y del sistema penitenciario. Les entregó la resolución y salió rumbo a El Chile a efectuar la misión. "Me dijeron que tenían que informar a sus mandos superiores y yo les respondí que informaran lo que quisieran y que comenzaran a caminar conmigo".

Al llegar a la hacienda, los funcionarios se toparon con la esposa de Alemán. Apenas le mostraron la orden, María Fernanda gritó: "¡Está con suero, descompensado y no puede salir!".

Las autoridades pidieron refuerzos policiales, contemplados en la resolución. Cuando estos llegaron, tuvieron que entrar por una vereda aledaña para burlar un cabezal de un camión que estaba abandonado en la mitad de la entrada principal de la casona cafetalera.

La situación se tornó más complicada. En la penumbra de la noche comenzaron a bajar los trabajadores de la hacienda y unas personas bien vestidas. Eran los allegados de Alemán que habían descendido por los cafetales de las propiedades vecinas. La juez Méndez sospechaba que algo así podía pasar. Se hizo acompañar por eso de una suplente, para que hiciera cumplir la orden por si algo le pasaba.

De repente, se acercó un jefe de policía de apellido Orozco y le preguntó: "Doctora, ¿da la orden de botar la puerta?". Sin titubeos respondió: "Usted lo va sacar de ahí como sea. Si tiene suero, se va con todo y suero".

Luego de sortear esos contratiempos, en una camioneta Toyota, Alemán enfiló rumbo a la cárcel Modelo junto a dos escoltas. En la parte delantera el conductor se hacía acompañar por dos funcionarios del sistema penitenciario. La juez Méndez, su suplente y otro escolta iban en los asientos traseros.

En el camino se encontraron con manifestantes liberales que quemaban llantas en las avenidas principales de la capital, tratando de evitar el paso. Pero el traslado se hizo efectivo pasada la medianoche.

El encierro de Arnoldo Alemán por actos de corrupción apaciguó los ánimos en un país con un clima político turbulento. Sin embargo, todavía quedan deudas pendientes en los juzgados, denunciadas por los medios de comunicación.

Como lo dejó en claro el semanario *Confidencial*, al investigar el caso del edificio Pellas, perteneciente a una de las familias más ricas del país. Ubicado en una zona estratégica de la capital, la *newsletter* publicó en su edición 288 de mayo de 2002, que el inmueble recibió una exoneración de tres millones de dólares por ser una inversión turística. La oficina de Byron Jerez consideró la petición y la declaró libre de impuestos, pese a que en los pisos del edificio sólo se ven las tiendas de un banco, el complejo de la marca de ron Flor de Caña, comercios y un concesionario de Toyota. Aunque la Contraloría sostuvo que iba a investigar el caso, en octubre de 2005 todavía no se pronunciaba al respecto.

Si alguna vez existió, el *boom* del periodismo investigativo también pasó de moda en los medios locales. En su reemplazo, unos curiosos programas de televisión acaparan la atención de las masas, como *22-22* y *Noticiero Independiente* de *Canal 8*, que muestran a reporteros con policías en operativos singulares en los que caben desde peleas verbales de vecinos hasta muertes trágicas a punta de machete.

De este auge de la crónica roja en los periódicos y los canales de televisión no participan los periodistas de *Confidencial* ni de la unidad investigativa de *La Prensa*, liderada por Jorge Loáisiga, quienes todavía se aferran a los postulados de la vieja escuela.

México

Nombre: Carlos Salinas de Gortari

Fecha de nacimiento: 3 de abril de 1948 en Ciudad de México

Profesión: Economista de la Universidad Nacional Autónoma de México y doctor en economía política de la Universidad de Harvard.

Período de gobierno: 1988-1994.

Acusación: En 1996 la procuraduría lo acusó de los delitos de falsificación de documentos y enriquecimiento ilícito. También fue acusado de participar, junto a su hermano Raúl, en la muerte de Francisco Ruiz Massieu.

Situación actual: Fue exonerado de todos los cargos. Ahora vive en México y mantiene un bajo perfil político luego de pasar varios años en el exilio.

La luz verde del villano

TODO SE HUBIERA QUEDADO en la fiesta de aniversario del periódico conservador *El Universal* de México, a propósito de sus ochenta y nueve años de vida. La idea de los dueños era que sus empleados festejaran por lo alto el cambio de imagen del matutino: un maquillaje visual para un diario que se mantiene en circulación desde 1916. Pero la celebración tuvo un sabor amargo ese 1° de octubre de 2005, porque siete días antes la dirección general había provocado "un gran revolcón" de un grupo significativo de redactores.

De no ser por la actitud de otros medios del Distrito Federal, que movieron una cortina que tapaba las medidas de las directivas de *El Universal*, la situación hubiera reventado entre los chismes etílicos del mundillo periodístico de la capital mexicana. Pero las revistas *Proceso* y *Etcétera*, entre otras, destaparon esa polémica retirada de más de treinta periodistas liderados por Ignacio Rodríguez Reina, entonces director de *Larevista*, un suplemento dominical de buen papel que aparece inserto en el diario y que hasta esa fecha presentaba un balance económico de números en rojo.

Fue una renuncia masiva. Y obedeció a un supuesto caso de censura por parte del dueño y director del periódico, Juan Francisco Ealy Ortiz, uno de los representantes con más calibre dentro del comité de liderazgo de la Sociedad Interamericana de la Prensa (SIP). El equipo de Rodríguez Reina en *Larevista* —en concreto, Rodolfo Montes y Daniel Lizárraga— tenía listos dos informes que salpicaban el aspecto bonachón del presidente Vicente Fox, pero que no pudieron ser publicados por órdenes superiores. La medida se mofaba de los códigos establecidos por este medio escrito: "El Universal y sus periodistas mantienen su absoluta independencia editorial respecto a intereses económicos, políticos, religiosos y de cualquier otro orden, para estar libre de obligaciones y presiones que obstruyan su misión periodística…".

El primero de los reportajes, que iba a ser publicado el domingo 10 de julio de 2005, revelaba los permisos de apuestas y salas de sorteo entregados a dedo por el ex secretario de la Gobernación, Santiago Creel, que privilegiaban al empresario Olegario Vásquez, hombre de la cuerda de la esposa del presidente, Martha Sahagún. El segundo, que nunca apareció en la página 14 de la edición del 1º de agosto, prometía una revisión exhaustiva de los "expedientes oficiales muertos", que investigaban unos negocios paralelos y privados del mandatario durante su periodo presidencial (2000-2006).

En los medios que reconstruyeron la historia del trasiego periodístico se aclaró que la mudanza de los reporteros, diseñadores y colaboradores fue producto de una "instrucción precisa" de la dirección, en el sentido de no publicar estos artículos de investigación, lo que en definitiva provocó la renuncia en cascada de decenas de empleados del llamado "gran diario de México". Por más solidaria que fuera la intención de los responsables del matutino con el Gobierno, Rodríguez la analiza como una inocentada, porque este tipo de relatos adversos ya formaba parte de una serie de denuncias que se filtraban en otros medios y bombardeaban las acciones polémicas de Fox y de sus cercanos, en especial los caprichos suntuosos de su mujer.

Luego del éxodo masivo, el puñado de reporteros desempleados se aventuró en la idea de formar otro medio independiente, en teoría alejado de las ataduras del poder. Para esta nueva empresa "romántica", Rodríguez Reina se acordó de sus tiempos en *La Jornada* —un periódico que nació con una filosofía cooperativa en 1984—, y entre todos sus creadores buscaron accionistas para solventar al nuevo semanario *MX*. La primera acción solidaria fue una subasta en el bohemio barrio La Condesa, en noviembre de 2005, de obras de arte donadas por autores mexicanos.

No era la primera vez que este reportero se quedaba sin empleo fijo. En su carrera de más de dos décadas de periodismo, Rodríguez Reina había tenido que atravesar varias cruzadas contra la censura y las tentaciones de las autoridades. Una de ellas fue la de desafiar al Partido Revolucionario Institucional (PRI) en el ocaso de su hegemonía de setenta años de gobierno, en los tiempos en que Carlos Salinas de Gortari tomaba el control de la nación (1988 – 1994). El reportero se metió de lleno a indagar las redes de la contienda electoral.

Ese fue su verdadero bautizo en las grandes ligas del periodismo mexicano. Se ganó un espacio en la primera plana del periódico *La Jornada*, en 1988, al atacar al aparato político de Salinas. Las encuestas de la época mostraban a un robusto competidor: el candidato del Frente Democrático Nacional, Cuauthémoc Cárdenas, quien agrupó a varios partidos de izquierda contra el PRI.

Antes de este episodio, la vida de Rodríguez había girado alrededor del mundo de las ventas, ligado al sector de la construcción, donde realizaba viajes intermitentes a Estados Unidos o a España para comprar grúas, materiales de acero o, simplemente, clavos. Amigo de las letras y de la política, el joven Ignacio cayó en la magia de los medios apenas salió a escena *La Jornada* en 1984 —con su acento independiente y de izquierda—, y se ocupó casi de inmediato de corregir el estilo de los textos, justo antes de que los medios dieran el brinco tecnológico. Es decir, le tocó la época de pasar las notas impresas por la cera y pegarlas en cartones o galeras.

Su primera nota fue un reporte sobre el terremoto mañanero del 19 de septiembre de 1985, que dejó en Ciudad de México más de seis mil muertos, 1.500 escuelas destruidas y numerosos edificios históricos en escombros. Su presentación en el oficio no le alcanzó para el cargo de redactor de planta de un diario repleto de firmas reconocidas, así que emigró a otros medios escritos de menor impacto, como el semanario *Punto*, donde comenzó a seguir la etapa electoral de 1988, entre el candidato oficialista del PRI, Carlos Salinas de Gortari, y el de la izquierda, Cuauthémoc Cárdenas, hijo del ex presidente Lázaro Cárdenas.

Todavía eran los tiempos de gloria del PRI. El presidente de turno, Miguel de la Madrid (1982-1988), señaló con el dedo a su sucesor, como dictaba la costumbre. Lo describe en el libro *La herencia* el historiador y ex canciller Jorge Castañeda: las siete décadas del PRI obedecían a un "prodigioso sistema de relojería sucesoria". Así que el mandatario, tras una serie de disputas internas, nombró a su ministro en temas económicos, Carlos Salinas, como su candidato para el siguiente sexenio (1988-1994).

Como si se tratara del olfato de un sabueso, Rodríguez Reina se dio cuenta de que el jefe de campaña del candidato opositor, Francisco Javier Obando, desfilaba nervioso ante las cámaras. Faltaba poco más de un mes para los comicios y lo fue a buscar para que hablara sin temores sobre su papel electoral, que consistía en recopilar información en todo el país sobre el proceso que se avecinaba. En ese recorrido por varias ciudades y lugares remotos de México, Obando había encontrado demasiadas anomalías, pero tenía miedo de hacerlas públicas ante el dominio del PRI en todos los estamentos del poder.

Además de aceptar la entrevista con el reportero, el político lo invitó a conversar en su oficina, ubicada en la calle Georgia de la colonia Nápoles, en el centro de la ciudad. No quería toparse con vigilantes disfrazados o carros oscuros —como era la tradición en los últimos meses—, sino entablar una conversación franca y sin espías. Sus palabras denotaban zozobra frente a numerosas amenazas telefónicas. En el fondo, quería desahogarse para dejar un testimonio sobre las irregularidades que había visto en el último tiempo. Y le pasó al periodista los documentos inéditos sobre el fraude que se avecinaba.

Después de la reveladora entrevista, Rodríguez Reina salió para las oficinas de *Punto*. Con el material en la mesa enfrentó al director del semanario, Benjamín Wong, quien, al revisar los detalles de la historia, concluyó que era muy arriesgado salir con una publicación de ese calibre: artillería pesada contra el PRI.

"Pero tengo la grabación de estas denuncias; Obando está dispuesto a hablar y existen evidencias escritas", alcanzó a replicar el reportero. Pese a la insistencia, el jefe giró su cabeza para ambos lados y mandó a archivar la gran historia del periodista. Muchos años después, ese joven reportero entendió el revés de la publicación. Como la mayoría de los medios de comunicación locales, ese semanario no tenía un tiraje significativo para una ciudad con más de quince millones de habitantes por entonces, y su pauta publicitaria dependía de las arcas oficiales. Un dato publicado por la revista *Poder* lo revela: "No hay cifras oficiales, pero se calcula que los gobiernos priístas destinaban unos quinientos millones de dólares en publicidad a los medios (electrónicos y escritos); es decir, una sexta parte de lo que firmas como el Grupo Financiero Bital calculan vale el mercado publicitario del país: tres mil millones de dólares".

En ese período de reverencia hacia el PRI, la negativa de *Punto* provocó una rabia desmesurada en el periodista, pero su juventud frenó cualquier intento de una carta de renuncia. Su molestia se acentuó cuando a las puertas de la elección, Obando y su ayudante fueron secuestrados en la misma oficina que había pisado el reportero. Después de varios días de búsqueda, los dos cuerpos aparecieron sin vida, abandonados. Rodríguez Reina, con la historia en caliente, no insistió ante sus superiores, sino que acudió a su antiguo periódico, *La Jornada*, y buscó a uno de los subdirectores: "Mira, tengo la entrevista previa a la muerte de Obando, donde denuncia a las personas que lo estaban siguiendo, habla sobre el acoso, el miedo por vigilar el proceso electoral. Puedo reconstruir todo".

Los responsables del periódico accedieron a darle primera página a este artículo del colaborador externo, pero la ubicaron como una nota secundaria que acompañaba al gran titular del día: Salinas había ganado los comicios por mayoría absoluta ese 6 de julio de 1988, por lo que se convertía, a sus 40 años, en el mandatario más joven en acceder a la Presidencia del país.

Más allá del lugar accesorio en la portada, la noticia tuvo un impacto de grandes proporciones, ya que se abrió una investigación judicial para esclarecer la muerte de Obando. El Procurador llamó a interrogatorio al periodista para refrescar la escena del día de la entrevista.

—Dijo que tenía miedo de que fuera el narcotráfico, ¿no es cierto? —increpó el funcionario.

—No. A mí me dijo otra cosa. Sentía que era por su actividad política, y que la gente de Salinas podía ser la autora de las amenazas —afirmó el periodista, ante la insistencia del interrogador.

—Pero recuerda que sostuvo que eran asaltantes los que amenazaban…

—No, eso no me dijo.

La autoridad judicial presionó por varias horas sobre una tesis que alejaba ese asesinato político de los círculos del poder y lo acercaba a un acto delictivo, hasta que Rodríguez Reina abandonó la sala y se negó a firmar la declaración. No lo volvieron a molestar por este caso, que todavía a fines de 2005 seguía sin encontrar responsables. Este hecho, sin embargo, le valió al reportero ser señalado en las esferas del poder como el primer periodista en poner en duda la honorabilidad del entrante sexenio de Salinas de Gortari.

Años después, luego de pasar por varios medios capitalinos, Rodríguez Reina volvió a desafiar a los hermanos más poderosos de México, Carlos y Raúl Salinas. Durante esta nueva afrenta, el periodista cargaba sobre sus hombros una maestría en periodismo Investigativo de la University of Southern California, al sur de la ciudad estadounidense de Los Ángeles. Como enseñanza de esos años, sin contar la experiencia de corresponsal para el periódico *El Financiero*, aprendió los métodos investigativos a partir de un nombre o un dato desconocido.

En clases, tenía que rastrear de tal forma una pista que al cabo de unas semanas podía construir un perfil completo tan sólo con el nombre de un personaje.

Otro ejercicio que le sirvió para la posteridad fue el de tomar un periódico californiano, escoger un anuncio publicitario y descubrir qué había detrás del aviso. Rodríguez eligió uno que alababa la posibilidad de alargar el pene para convertirse en una bomba sexual. Descubrió, en pocas semanas, que se trataba de una estafa. Lo mismo pasó cuando analizó otro clasificado, el cual prometía la ciudadanía estadounidense por quinientos dólares. Su reportaje se tituló "La industria del asilo político", y mostraba verdaderas redes delictivas que defraudaban a extranjeros, en su mayoría latinoamericanos. Fue tanta la repercusión de su trabajo con otros compañeros de clase que sus ejercicios se pasaron por un canal local, en el que se lograba ver, gracias a cámaras ocultas, el alcance del fraude.

Con esas herramientas abandonó el clima playero de California. Apenas aterrizó en la ciudad más contaminada del continente, lideró el proyecto de la Unidad Investigativa en *El Financiero*, diario que pese a su tono económico tomó las banderas de la oposición durante el sexenio de Salinas. Resultaba curioso leer las notas de un medio escrito apegado al mundo de los negocios en contra de las políticas de los llamados "tecnócratas", que entonces aspiraban a un acuerdo comercial con el país más poderoso del mundo. Al poco tiempo del arribo de Rodríguez, en 1994, se notaron los resultados, al margen de que este tipo de periodismo no interesaba en las salas de redacción de los principales medios escritos. Ni hablar de los televisivos, que en esa época privilegiaban los programas de entretenimiento y las telenovelas.

Cada vez que su equipo de cinco o seis periodistas publicaba una historia, se ganaba la primera página de *El*

Financiero. No era cosa de todos los días. Su método de trabajo consistía en que si uno de los reporteros conseguía una pista interesante, de inmediato se descolgaba de sus faenas cotidianas y sólo se dedicaba a seguir su olfato, a golpear las puertas de la investigación y a desenredar los nudos oscuros. Así fue como llegaron a destapar por primera vez los vínculos del Presidente —y de parte de su familia— con algunos capos del narcotráfico, en especial con los de los carteles del Golfo y de Ciudad Juárez. En sus páginas apareció, por ejemplo, un artículo titulado "El señor de los cielos", que presentaba en sociedad a un entonces desconocido Amado Carrillo, el mítico jefe del cartel de Juárez, que se había ganado el mote por tener para sus "vueltas" una flota de Boeing 727, que murió el 4 de julio de 1997, supuestamente a raíz de una fallida cirugía plástica en el rostro. Aparecía la foto y la historia de este narcotraficante y sus vínculos con el poder, gracias a documentos entregados por la DEA y por algunas fuentes judiciales.

La unidad investigativa se dedicó también a rastrear las propiedades de algunos colaboradores del clan Salinas y a revisar declaraciones de testigos que denunciaban estas relaciones peligrosas. También aportaba lo suyo a las investigaciones periodísticas, con la rabia del despecho, una antigua pareja de Raúl que mandaba documentos y datos precisos a las oficinas del periódico para enlodar a la familia del mandatario. Con estos peritajes y testimonios publicados en *El Financiero* y luego en el naciente periódico *Reforma*, se abonaba el terreno para desenmascarar por completo esta historia de narcotráfico y sobornos.

Las malas compañías

Por más esfuerzos que hiciera el equipo investigativo del periódico económico en denunciar las anomalías del régimen, sólo al terminar el sexenio de Salinas se destaparía que la campaña electoral de 1988 escondía otros trapos sucios. De todos los vicios de la elección, la más grave acusación se encausó por el respaldo directo de varios de los hombres más buscados de México, todos ligados al narcotráfico, aunque también se desveló el aporte de sus socios colombianos en el transporte de cargamentos de cocaína para la subida del candidato del PRI a la Presidencia.

Primero fueron los columnistas y los medios extranjeros los que se atrevieron a denunciar los negocios del hermano mayor del mandatario, el ingeniero Raúl o el "señor del diez por ciento", como le decían por su cuota de participación en los negocios del Estado. Los dardos de tinta denunciaban las importaciones de leche en polvo, algunas transacciones bancarias, la compra de un hipódromo, predios de varias hectáreas y un intento de soborno por un millón de dólares para que la IBM ganara un concurso de dotación de equipos oficiales.

De todos causó conmoción el titular "El hermano incómodo", de la revista *Proceso*, en noviembre de 2004. Los reporteros del semanario describieron un abanico de acciones de tráfico de influencias de Raúl Salinas, como negocios ilícitos y las movidas de privatizaciones —unas 250 empresas por ventitrés millones de dólares—, que ilustraba, además, el crecimiento significativo de magnates mexicanos que aparecerían años después en la lista de *Forbes*. A cargo del veterano periodista Julio Scherer, *Proceso* fue la primera y una de las pocas revistas que destacó por hacer una oposición directa al régimen priísta.

Al atacar al hermano mayor, también se disparaba contra el mandatario de turno. Así, Carlos Salinas le pidió al director de *Proceso* una cena nocturna para tratar el asunto. "Yo llevo el vino", le adelantó el Presidente.

Entre copas, y como si fueran viejos amigos, el mandatario le pidió una explicación por no haberlo llamado antes de la publicación, debido a que a su juicio los párrafos del artículo carecían de fundamentos. El director, zorro en estas lides, le contestó que tenía en su poder las pruebas escritas, por lo que la cita terminó sin un horizonte definido.

Sin embargo, a fines de 2005, Scherer ya no quería dar entrevistas para recordar el pasado. Prefería hablar de su amistad con 'Gabo', recargada tras el premio a la Trayectoria Periodística que le otorgó la Fundación para un Nuevo Periodismo Iberoamericano, de la cual el Nobel colombiano fue fundador. Por más recursos que un reportero utilice, el creador y presidente de la revista *Proceso* no está disponible para la crónica histórica. Todos los detalles, dice, están en sus libros y en las páginas de su semanario. "Sólo puedo decir que en la época de Salinas de Gortari teníamos la exclusividad", recalca con ironía.

Esa condición obedece, en la historia periodística, a que esta publicación, desde su bautizo en 1976, se salió del cauce normal de los medios que sintonizaban con los gobiernos del PRI. La razón de los otros era la pauta oficial, el principal músculo financiero de los medios de comunicación de ese país durante las últimas décadas. De ahí que el ex presidente José López Portillo (1976-1982) declarara públicamente la suspensión de la publicidad a *Proceso* al sentenciar que "no pago para que me peguen".

En el polémico reportaje "El hermano incómodo" quedaba también registrada la relación del ingeniero Raúl con su amigo desde los tiempos de universidad Manuel Muñoz Rocha, quien era acusado por la Policía de ser el autor intelectual del asesinato de José Francisco Ruiz Massieu, cuñado de Raúl y enemigo político de Carlos. Por esta causa, Raúl vería la cárcel meses después y en los expedientes judiciales quedaría plasmado que el crimen no sólo obedecía a razones políticas, sino que también había sido producto de otros negocios menos cristalinos.

Desde esa época se acumuló una serie de denuncias sobre el clan Salinas en varios medios de comunicación, que se habían despegado de la corriente oficialista luego del inicio de la revolución de Chiapas, y con posterioridad a los dos tiros en la cabeza que recibió el candidato a suceder al presidente, Luis Donaldo Colosio, en un mitin en Tijuana, el 23 de marzo de 2004. Esa vez no se pudo cumplir la profecía del "dedazo del PRI", que en el pasado significaba que el presidente era el encargado de nombrar a su sucesor en el sillón presidencial. *El Economista* y el diario *Reforma*, por nombrar dos medios escritos, reconstruyeron varias rutas delictivas en torno a estos sucesos, como la investigación judicial del Gobierno suizo, que detectó movimientos oscuros de dinero en ese país y que concluyó, en 1998, que Raúl Salinas de Gortari y otras figuras políticas, como los hermanos Mario y José Francisco Ruiz Massieu, recibieron entre 1987 y 1989 cerca de 103 millones de dólares a cambio de dejar pasar por suelo mexicano doscientas toneladas de cocaína provenientes de Colombia, cuyo destino final serían las calles de Nueva York, Chicago y Miami.

El llamado expediente europeo —con el letrero de secreto, y firmado por la Oficina Central de Policía Criminal el 22 de abril de 1998— tenía como destinatario a la oficina de la Procuraduría suiza, e investigaba, entre otros asuntos, los movimientos de dos personas de alto perfil en México: al entonces prisionero —desde el 28 de febrero de 1995 de la cárcel de Alta Seguridad de Almoyola—, Raúl Salinas de Gortari y a su esposa, Patricia Paulina Castañón, detenida ocho meses después en Suiza bajo "la sospecha de manejos múltiples contra la ley de drogas, y lavado de dinero múltiple", según el documento que fue rescatado del olvido por los autores de este libro.

Todo comenzó con algunos datos de la DEA y del FBI —filtrados a los medios— que mostraban las relaciones poco éticas de Raúl con los capos de la mafia local, como Juan García Ábrego, el líder del cartel del golfo. Pero la pista que ligó al "hermano incómodo" con Europa fue su amante, Margarita Nava, quien a principios de los años noventa registraba varias estadías en un hotel de Ginebra, Suiza. En menos de un mes, Nava había transferido seis millones de dólares desde México, pasando por bancos estadounidenses hasta el Banque Pictet & Cie. de ese país alpino, por lo que la justicia suiza le abrió un procedimiento bajo la referencia EV Nº 28 / 95.

Resultó inútil el alias de 'Juan Guillermo Gómez' que utilizó Salinas en este entuerto, según consta en el documento, como también que le hubiera dado un poder, no a su compañera paralela, sino a su esposa para sacar el dinero de las cuentas que habían sido congeladas desde noviembre de 1995 por la procuradora Carla del Ponte. Horas después de hacer un *tour* por varios bancos, Paulina Castañón y su hermano Antonio fueron detenidos por la policía del cantón de Ginebra y trasladados a Berna para que aclararan los depósitos en más de noventa cuentas bancarias, por valor de 118 millones de dólares. Cumpliendo las pesquisas judiciales, los agentes habían revisado los cuartos del hotel y las cajas de seguridad de la distinguida señora mexicana, en las que encontraron papeles con anotaciones y teléfonos, hojas en blanco con la firma de Raúl y cuatro tarjetas de crédito.

Las investigaciones conjuntas entre los organismos de seguridad estadounidenses y europeos se trasladaron a buscar información adicional en México, pese a que quedó clara la poca colaboración que prestaron las autoridades de ese país. En concreto, pudieron establecer que los nexos de Raúl con los jefes narcos se arrastraban desde los años ochenta:

Los miembros de los carteles de drogas colombianos —dice el documento suizo— transportaban las drogas vía marina, en barcos rápidos y por vía aérea en aviones pequeños con hélices hacia México. Entonces pasaban a ranchos con pistas de aterrizaje, en donde eran almacenadas, antes de ser contrabandeadas por gente de Juan García Ábrego hacia los Estados Unidos, pasando por el río Grande. La tarea de Raúl Salinas de Gortari consistía en asegurar que los transportistas de las drogas no fuesen afectados por los militares, ni por la policía.

Para este negocio millonario, Salinas pagaba una cuota a los colaboradores militares y policiales (cercana al diez por ciento de las ganancias), al tiempo que dirigía la empresa estatal Conasupo, que manejaba alimentos y otros productos. La entidad gozaba de una buena flota de camiones y trenes de carga en varios estados del país, por lo que su doble función resultaba menos complicada. En 1990 fue detenido un camión de carga de esta firma con 1.633 kilos de marihuana, sin que el expediente manchara al entonces presidente de la compañía. Se trató, para las autoridades, de un caso aislado.

En forma paralela a la investigación suiza, medios mexicanos, como *Proceso*, *El Financiero* y *Reforma*, realizaron varias crónicas para recordar los días en que el inculpado por el asesinato de Ruiz Massieu se reunía en el rancho Las Mendocinas con personajes de la talla de Juan García Ábrego (uno de los diez delincuentes más buscados por el FBI en su tiempo), y con los contactos del colombiano y socio de Pablo Escobar, José Gonzalo Rodríguez Gacha, alias 'El Mexicano'.

Según varios testigos detenidos en Estados Unidos por tráfico de estupefacientes, los encuentros entre Raúl y el capo del cartel del golfo eran rutinarios. Incluso uno de ellos recuerda que en 1990, por los favores concedidos, le regalaron unos ponis para el zoológico privado del hermano del Presidente, y que los pequeños caballos se los llevaron en un avión privado de García. En otro testimonio, amparado bajo la figura de protección de testigos, alias 'Turkesa' sostuvo que el origen del prontuario de Raúl Salinas se remonta a 1968, cuando fue arrestado por primera vez por un asunto de drogas, pero las actas fueron limpiadas. Sin embargo, poco tiempo después, sus estrechos colaboradores (jardineros, mecánicos, secretarios) fueron detenidos por almacenar grandes cantidades de cocaína.

Mientras se revelaban estas historias, el periódico *El Economista* hizo la tarea de viajar a Suiza y a Estados Unidos para verificar las cuentas y obtener documentos para la investigación. El resultado fue una serie de artículos publicados en enero de 2001 que trataban de desmentir a la defensa de Raúl, que acusaba a estos ataques de "fabricaciones", y que el dinero confiscado en Europa provenía de inversiones para algunos amigos. El matutino económico publicó en toda su extensión el 15 de enero de 2001: "Los Salinas, socios de los cárteles. Cobraron 'peaje' a los narcos para pasar droga a EU incluso durante la presidencia de Carlos Salinas".

Lo cierto del episodio era que ya otros medios habían desnudado estos nexos, pero el elemento novedoso se sustentaba en los datos precisos de estos negocios y en la declaración de dieciséis testigos protegidos, todos expuestos en el documento detallado del Ministerio de la Policía Suiza del 22 de abril de 1998.

Uno de los aspectos más interesantes consignados por las autoridades, resaltado en la segunda entrega del periódico dirigido por Luis Enrique Mercado, eran los llamados "días de luz verde". Entre 1992 y 1995, según cinco testigos del caso, Raúl Salinas ordenó al director de la Policía, Adrián Carrera Fuentes, que tres días del mes, después del 20, no controlaran los transportes de carga en el territorio nacional.

Se puede desprender —agrega el expediente— que Raúl Salinas de Gortari en el tiempo desde octubre de 1987 hasta septiembre de 1989 fue indemnizado por José Gonzalo Rodríguez Gacha por cada transporte de droga y por cada aterrizaje con 300.000 dólares en efectivo y ciertamente como contraprestación por el 'Servicio de Protección al transporte de Drogas' puesto a disposición por Raúl Salinas a favor del cartel de Medellín. Por ejemplo, 'Ludmilla' —testigo protegida y antigua colaboradora de Salinas— declaró que Raúl, según su contabilidad, el 15 de mayo de 1988 recibió 2,1 millones de dólares por la mencionada protección, que correspondía a siete transportes de droga. El rubro contable fue anotado como 'Fiestas'.

Los pagos no se referían exclusivamente a los favores para 'El Mexicano', porque tanto la prensa como los testigos de la investigación relataban con detalles que los capos Juan García, Joaquín 'Chapo' Guzmán, el difunto Amado Carrillo, conocido como el 'Señor de los Cielos', y los hermanos Arellano Félix, del cartel de Tijuana, también hicieron aportes a Salinas para la protección de los envíos aéreos, que en esa época transportaban entre setecientos y ochocientos kilos de cocaína en cada viaje.

Después de tantos años de colaboración, las maletas de dólares eran un problema sustancial para la contabilidad del "hermano incómodo". De allí que viniera toda una tarea de reciclar las divisas en bancos exteriores por medio de identidades ficticias, en la que varios de sus familiares y amigos ayudaron a las maniobras, incluidas su esposa y su amante. Según cálculos de las autoridades con base en las transacciones, el plan consistía en mover del país cuanto antes unos quinientos millones de dólares y lavarlos en paraísos fiscales. La ruta de las divisas pasó por bancos mexicanos, estadounidenses, ingleses, franceses y suizos.

Desde el punto de vista delictivo era una transacción perfecta que no dejaba rastros, pero todo les salió mal en el sexto año del "héroe del libre mercado", como llamaban al presidente Salinas. Una vez preso Raúl, en febrero de 1995, y la investigación suiza andando a toda marcha, se pudo concluir que el propio Carlos Salinas había recibido en plena campaña electoral una maleta marca Samsonite con diecisiete millones de dólares y treinta vehículos robados de parte de los carteles mexicanos para los gastos y gestiones proselitistas de 1988.

Tampoco se pudo borrar de las páginas de los periódicos la fama que adquirió en el sexenio de Salinas una de las propiedades de Raúl, la mencionada hacienda Las Mendocinas, en Puebla, en donde se hicieron célebres las "cumbres" con los "duros" del narcotráfico. No menos importante fueron las entregas de maletas con billetes de cien, cincuenta y veinte dólares, que eran cambiados por los billetes de menores denominaciones recogidos de la venta callejera de la droga en Nueva York y Chicago, entre otras ciudades. Mientras más grande la numeración, menos tiempo se demoraba Raúl en lavarlos.

Ante las numerosas investigaciones que comprometían a su hermano y la presión de los medios, Carlos prefirió el exilio en una casona en las afueras de Dublín, Irlanda, al escarnio de enfrentar las investigaciones que lo ligaban directamente con el narcotráfico y a la muerte de varios políticos cercanos. Ese rincón del mundo, a un costado de Inglaterra, sin tratados de extradición, parecía un lugar seguro para vivir mientras pasaba el temporal.

El año fatal

De los pocos medios críticos, el primero en anticipar la crisis del sexto año fue *Proceso*. La edición del 11 de abril de 1994 tituló "El declive", y mostraba una fotografía en primer plano de la cara del Presidente, solo y cabizbajo. Uno de los primeros párrafos del reportaje resume la crisis del mandatario: "La economía se estanca, los mercados financieros se desequilibran, los dólares huyen, las empresas cierran, el empleo baja, los precios suben, la desconfianza crece, las expectativas caen… Todo en un marco sin precedente, en las últimas décadas, de inestabilidad política, violencia social y autoritarismo exacerbado".

Durante estos doce meses de convulsión, los medios soltaron sus amarras y dieron un giro en sus políticas editoriales. Incluso las televisoras se descolgaron del oficialismo, como *TV Azteca* y *Televisa*, amigas y socias del Gobierno durante décadas. Al buscar enemigos, encontraron en el poder de los hermanos Salinas las causas de los males políticos que padecía México. A Carlos lo llamaban "el villano favorito".

"Fue un despertar de los medios y de los empresarios, paralelo a los últimos días de Carlos Salinas en el poder", recalca la periodista y académica Rossana Fuentes, que dirige la publicación en español de *Foreing Affaires* y que en ese tiempo trabajaba en *Reforma*.

Ayudó al desprestigio de Salinas una alianza entre el periódico de corte empresarial *El Economista* y algunos empresarios importantes del país, quienes también le dieron la espalda al "rey depuesto", a pesar de haberse beneficiado de los "ofertazos" de las privatizaciones. Una reunión privada entre el Presidente y los más grandes magnates del país, recreada por *El Economista*, revela de manera exacta el divorcio, en 1993, de algunos de ellos con el todopoderoso Presidente.

Los pormenores de esa cita los cuenta el director de *El Economista*, Luis Mercado, quien por casualidad se enteró del evento en un desayuno de despedida para un hombre de negocios en un hotel de la capital. Era un encuentro de amigos, todos empresarios, aunque el tema de conversación no era el viaje de Francisco Calderón, sino una cena la noche anterior en la que veinticinco magnates se comprometieron con el Presidente a donar cada uno veinticinco millones de dólares. Esa mañana, Mercado se comportó como un mudo, y sólo pasó revista en su cabeza a todos los comentarios de los comensales. Pero luego, con la ayuda de varios reporteros, se movió con sigilo para corroborar la información que hablaba de esos aportes millonarios destinados a la jubilación de Salinas y de sus cercanos.

Llegó a su escritorio en las oficinas del periódico y se puso a redactar la historia. No se publicó el jueves, porque en ese momento el sustento de los párrafos se basaba en una comidilla de amigos. De modo que aprovechó la invitación de una gira relámpago del mandatario a Guadalajara y otras ciudades para investigar el tenor de esa reunión de los pesos pesados mexicanos. En la visita oficial, el director pudo conversar con varios empresarios de regiones que habían estado en la cena con el Presidente, quienes le confirmaron los datos. Al otro día, viernes 26 de febrero, la crónica estaba lista y se resumía en que en una cena en la casa de Antonio Ortiz, a la que asistió el Presidente, veinticinco de los más importantes empresarios del país se comprometieron a realizar aportaciones a la campaña del Partido Revolucionario Institucional por un mínimo de veinticinco millones de dólares cada uno.

Llegó a su punto culminante —recreaba uno de los párrafos del reportaje— cuando se comunicó a los hombres de negocios que el Revolucionario Institucional necesitaba que cada uno de ellos se comprometiera a aportar, o reunir, 75 millones de nuevos pesos por persona. En un momento dado tuvieron dificultades para traducir la cantidad a pesos viejos, y para facilitar el cálculo se mencionó su equivalente en moneda extranjera, 25 millones de dólares. La primera respuesta la dio Emilio Azcárraga, presidente de *Televisa,* quien dijo: "He ganado tanto dinero en estos años que me comprometo a aportar una cantidad mayor".

La publicación tuvo eco en otros medios de la capital, mientras el director de *El Economista* seguía cubriendo la gira. Sentado en el avión presidencial rumbo a Ciudad Juárez, se le acercó uno de los colaboradores del mandatario. "El Presidente quiere verte", le dijo.

En un pequeño despacho del avión, Salinas lo invitó a desayunar. Fuera de todo pronóstico, el Presidente estaba calmado pese al reportaje en primera página.

"La historia que contaste hoy es muy importante —comenzó a decir el Presidente—, porque con esos recursos le damos dinero al Partido...".

La cara de perplejidad del periodista no se podía ocultar ante la tranquilidad del mandatario. No le importó que los medios y columnistas en el Distrito Federal, reaccionaran con inquietud frente a esa ambiciosa "Teletón". Tampoco que el Congreso empezara a discutir la ley de financiación de los partidos y se independizara el Instituto Federal Electoral.

Desde otros medios locales, sin embargo, se murmuró que esta historia, publicada en *El Economista*, cercano a la política macro de Salinas, obedecía a las quejas del empresariado por la solicitud del Presidente para el aporte millonario. Algunos no querían pagar esa suma. Y el periódico sirvió entonces para atajar los ímpetus del inquilino de Los Pinos en su intención de preparar un colchón a la hora del retiro. Mercado lo ve de esta forma: "Fue un ahorro maravilloso, y una ayuda a los empresarios que se sentían acorralados".

Pero de ahí a pensar que este reportaje manchó por completo la imagen de Salinas es un salto al vacío. El verdadero desprestigio vino con las dudas sobre la economía de mercado, ayudado por el fenómeno de Chiapas y la crisis del peso mexicano en el ocaso de su sexenio. Entre tanto, ocurrieron los asesinatos de Colosio y de Ruiz Massieu, este último ex secretario general del PRI. Ambos casos aportaron sospechas a la transparencia del régimen salinista.

También ayudó el arresto de Raúl para que el clan Salinas pasara en adelante sus peores años. Metido en una celda y con una condena de veintisiete años por su participación en el crimen de Ruiz Massieu, fue el detonante para que Carlos hiciera un arreglo con su heredero en la presidencia, Ernesto Zedillo, que le permitió salir del país en una especie de autoexilio.

Así transcurrieron diez años. El hermano menor se refugió en el frío de Dublín, en el trópico de La Habana, en Roma y en Canadá. En el exterior ocupaba su experiencia financiera como consultor de varias compañías. Siempre con la amenaza verbal de volver al país a cobrar algunas deudas pendientes con los políticos que le habían dado la espalda.

Las ganas de regresar de Carlos se inflaron después de la salida de su hermano de prisión, en junio de 2005. Mientras Raúl hacía una colecta entre los pocos amigos que le quedaban para pagar más de dos millones de dólares de fianza, Carlos lanzaba cantos de sirena sobre su retorno definitivo. Lo concreto es que desde ese momento, las deudas pendientes de Raúl con la justicia, en cuanto a su enriquecimiento ilícito por los "días de luz verde", las ha podido librar desde su hogar.

En tanto, el PRI, el antiguo partido todopoderoso, no se ha logrado recuperar para volver a los tiempos de gloria que mostraba con Salinas y sus antecesores. Zedillo, el último emperador de la "dictadura perfecta", dejó un país con graves problemas económicos y con un saldo en rojo por los casos de corrupción, que los medios de comunicación amplificaron con todos los detalles

Los tiempos han cambiado y la primavera del periodismo de investigación que se respiró tras la salida del poder de Salinas quedó en el recuerdo. Y eso que por ley se prohibió la vieja costumbre priísta de imponer la pauta oficial en los medios a cambio de asegurar noticias favorables, y que en el periodo de Vicente Fox las grandes empresas de prensa crecieron en número y en utilidades, lo que en teoría permitiría invertir más recursos en esas tareas espinosas del oficio. Casi en forma romántica, sólo la revista *Proceso*, algunos periódicos de provincia y uno que otro suplemento de la capital siguen con ese formato que busca ejercer el control escrutador de la prensa.

Venezuela

Nombre: Carlos Andrés Pérez Rodríguez

Fecha de nacimiento: 27 de octubre de 1922 en Rubio, estado del Táchira

Período de gobierno: 1974-1979 y 1989-1993.

Profesión: Bachiller en filosofía

Acusación: Fue destituido y condenado por los delitos de malversación de fondos públicos y peculado.

Situación actual: Vive en Miami y el gobierno de su país ha intentado en vano conseguir su extradición. Condenado por malversación genérica agravada a dos años y cuatro meses de prisión domiciliaria.

El vuelo del 'Águila Tachirense'

Cierta apariencia rimbombante hacía que aquel sobre se destacara entre la correspondencia llegada al buzón que el periódico *El Universal* había habilitado especialmente para su columnista José Vicente Rangel quien, a costa de su ejercicio cotidiano, estaba convertido también —sin designación oficial— en cabeza del equipo de reportajes de investigación.

Era verde con bordes sombreados y estaba asegurado con unos sellos dorados que imitaban mal el lacrado que se usaba para los envíos postales del Gobierno.

"Este sobre podría traer algún *tubazo*", comentó, sin mayor entusiasmo, la secretaria que esa noche acompañaba a Rangel y a un reportero auxiliar en la clasificación de cartas remitidas por lectores y fuentes.

"*Tubazo* le hemos dicho siempre en Venezuela a aquellas primicias que nos permiten golpear a la competencia", explica el periodista Ricardo Estévez, asistente en aquella época del equipo de investigación y testigo y protagonista de algunos de los principales logros del rotativo caraqueño.

Ese 18 de octubre de 1992, el columnista andaba a la caza de los datos para redondear una denuncia sobre el desvío de dos mil millones de bolívares que el Estado había dejado de pagarles a los pensionados de la Policía Técnica Judicial (PTJ) por reajustes periódicos, primas y otros conceptos. La juez María del Carmen Larriva Ron, caracterizada en los círculos del foro jurídico por la firmeza de sus decisiones, estaba a la expectativa de nuevos hallazgos para alimentar el expediente abierto de oficio a partir de las denuncias periodísticas.

La carta, sin embargo, no tenía que ver con el tema. Sin firmar con su nombre como remitente, el corresponsal anónimo le sugería a Rangel hacer valer sus influencias y contactos políticos para comprobar lo que estaba pasando con el manejo de las partidas secretas o de gastos reservados asignadas por el Tesoro al Ministerio de Relaciones Interiores para la provisión de servicios de inteligencia y seguridad.

"CAP [Carlos Andrés Pérez] les está metiendo mano a esos recursos y los está echando entre sus alforjas", decía el corresponsal con una caligrafía digna de un escribiente de protocolo, tras advertir que su integridad podría quedar comprometida si revelaba el nombre y pedía expresamente una señal que le indicara si al periódico le interesaba realmente seguir el asunto. Si era así, se declaraba dispuesto a aceptar encuentros y a adicionar evidencias.

"El mensaje cifrado que le daría el diario a su promisorio colaborador sería la publicación destacada, en la sección de cartas de los lectores, de una queja sobre los pobres indicadores sociales de la región andina. La carta debería estar suscrita con el seudónimo de 'Águila Tachirense'", recuerda Estévez. La alusión a esa zona tendría que ver, muy probablemente, con el origen del presidente

Pérez, nacido en Rubio, estado del Táchira, cerca de la frontera con Colombia.

La petición se les antojaba extraña a Rangel y a sus reporteros, pero la evaluaron reservadamente. Descartaron consultar a la Dirección o al Consejo Editorial por temor a sobredimensionar las expectativas, pues nadie podía estar seguro de que aquello no fuese más que una broma.

Optaron entonces por transitar el camino expedito de pedirle al editor de las páginas editoriales que publicase la queja que ellos mismos habían redactado.

—Bueno, pero aquí no solemos publicar cartas con seudónimos —repuso este, instruido como estaba en el sentido de detener a tiempo cualquier escrito con apariencia de gacetilla que pudiera afectar la credibilidad del medio.

—Ayúdanos, es importante. Ya te contaremos lo que hay detrás —le dijo Rangel, periodista incisivo y político beligerante, que estaría destinado a convertirse, diez años más tarde, primero como canciller y luego como Vicepresidente, en uno de los hombres de hierro del régimen bolivariano de Hugo Chávez.

Si era cierto lo que decía el anónimo, se trataría evidentemente de algo grande. Eran los tiempos en que el gobierno de CAP defendía, a capa y espada, un paquete de ajuste fiscal, promovía reformas para reforzar las políticas de control cambiario y pregonaba la racionalidad y transparencia en el gasto público. Sería muy grave entonces que las partidas reservadas, certificadas en adiciones a las que sólo podía tener acceso la Contraloría, estuvieran convertidas en cotos de caza de la corrupción.

Doce largos días después de la publicación de la queja de 'Águila Tachirense', el corresponsal reapareció. Para los reporteros fue un angustioso lapso durante el cual veían que sus esperanzas se desvanecían. Esta vez anticipó, en fotocopias informales, parte de los documentos relacionados con el cumplimiento de una resolución emitida por el Consejo de Ministros el 22 de febrero de 1989. Por solicitud expresa del presidente Pérez —según constaba en las actas— el Consejo disponía una rectificación al presupuesto por 250 millones de bolívares con imputación al Ministerio de Relaciones Interiores.

La rectificación consistía en transferir la mayor parte de esos recursos a la Secretaría de la Presidencia, donde el mandatario tendría su control directo. Entre la documentación relacionaba se encontraba el memorando DIM – 248C, en el que la Dirección de Inteligencia Militar expresaba su preocupación por el eventual cambio de rumbo de recursos destinados al "programa 03 de servicios de seguridad del Estado" y a la "partida 97 de control de orden público".

"Tengo la ruta que siguió el dinero hasta cuentas en Nueva York", agregaba 'El Águila' (como todos comenzaron a llamar desde entonces a la fuente anónima) en su nueva carta.

Conocedor de los asuntos de Estado y guiado por su buen olfato, Rangel pidió a Estévez que le destinara el tiempo que fuera necesario para revisar la *Gaceta Oficial* donde, por mandato legal, debían publicarse, entre otros actos de la administración, las determinaciones del Consejo de Ministros.

"Si la resolución que nos envía esta fuente es auténtica, ya debe estar en la *Gaceta*", le explicó el periodista a su colaborador.

La prueba de verificación dio resultado positivo. La resolución, de cuya existencia nadie —salvo 'El Águila'— parecía haberse percatado, no era nueva. Aparecía en la *Gaceta Oficial* N° 34.166, del viernes 24 de febrero de 1989.

Amigo personal de su oficial ayudante, Estévez se animó a llamar al general Herminio Fuenmayor, director de Inteligencia Militar, hombre con fama de circunspecto y malgeniado, que alguna vez, incómodo por sus preguntas, se lió a golpes con un auditor enviado por el Ministerio de Defensa para averiguar por la destinación de algunos gastos.

Contra todo pronóstico, el oficial recibió cordialmente al reportero y le confirmó, sin ambages, que estaba muy preocupado porque el Palacio de Miraflores —sede del Gobierno— se estaba reservando el manejo de las partidas de inteligencia.

"¡Nos están dejando huérfanos de presupuesto, coño!", dijo desabrochadamente el general.

Sin disponer todavía de la información necesaria para establecer contacto con su fuente por iniciativa propia, pero motivado por la declaración del director de inteligencia, Rangel construyó un preámbulo a la serie de reportajes de investigación que planeaba iniciar cuando las pesquisas estuvieran más adelantadas. Durante un comité de la unidad de reportajes, Rangel convino con sus periodistas utilizar primero las páginas de opinión del periódico para conseguir un triple efecto: provocar una reacción del Gobierno para que se viera obligado a incluir el tema de los gastos reservados en su agenda pública; suscitar el interés de los demás medios de comunicación para que se sumaran al cubrimiento; y demostrarle a su fuente anónima que *El Universal* estaba dispuesto a jugarse a fondo.

Por eso escribió, como punto de arranque, una columna de opinión en la que cuestionaba el manejo de las partidas reservadas, y advertía que en una democracia no deberían existir gastos escondidos. "A la hora de la rendición de cuentas, entre los venezolanos no debe haber *secretos*. La Constitución no ampara secretos de gobierno, sino que autoriza a lo sumo manejos confidenciales. Eso significa que no hay —no debe haberlos— gastos imposibles de auditar", escribió en su columna del 2 de diciembre.

El colofón del artículo planteaba una pregunta que resultaría punzante para el Gobierno: "Y a propósito, ¿nos podría contar la Secretaría de la Presidencia cómo se están invirtiendo los 250 millones de bolívares que mandó pedir, con tanta urgencia, al Ministerio del Interior?".

La publicación agitó el ambiente político y produjo una reacción furiosa del Gobierno. El propio Carlos Andrés Pérez envió una carta al periódico para quejarse de que, según él, el amparo legal que protegía con la reserva los gastos necesarios para preservar la seguridad del Estado no podía desaparecer sólo por el "prurito inquisidor" de un político de oposición que entonces quería resguardarse tácticamente detrás de su fuero periodístico.

"Se es periodista o se es opositor. Las dos condiciones son incompatibles", rezaba la diatriba de Miraflores contra Rangel. Era una carga de profundidad contra un hombre que, como el columnista, alternaba el ejercicio del periodismo y la política y había aspirado a la Presidencia de la República.

La columna tuvo también la fuerza de atracción de un imán sobre 'El Águila'. La fuente original dejó de lado cualquier asomo de reticencia y decidió establecer un contacto directo con el columnista. De sus encuentros posteriores, protegidos por una muralla de sigilo infranqueable, sólo quedaría como evidencia la aparición de documentos inéditos que se convertirían en pruebas de una malversación de recursos públicos, imputable al primer mandatario. Desde aquel día, 'El Águila' se convirtió para el periodista en su "garganta profunda", en una especie de émulo de la fuente que en 1972 llevó a *The*

Washington Post a conseguir la caída del presidente de Estados Unidos Richard Nixon.

Los documentos que recibió de su misteriosa fuente le daban fe al columnista de que, antes de su desvío, el dinero había sido convertido en dólares. Uno de ellos, el primero que permitía halar del cordel, era el oficio 01-04-4-20, del 27 de febrero de 1989, a través del cual el director general sectorial de administración y servicios del Ministerio de Relaciones Interiores, Carlos Vera, le pedía al Ministerio de Hacienda el suministro de 17.241.97,32 dólares al cambio preferencial de 14,50 bolívares por dólar, con destino a "gastos de seguridad del Estado".

La petición de Vera debió desatar en su momento todas las suspicacias, ya que el valor en el mercado libre era de 43 bolívares por dólar y para cualquier observador resultaba obvio que alguien —en ese caso el Gobierno— buscaba sacar partido de la diferencia.

El 2 de marzo de 1989, recién asumido el segundo mandato de CAP, el Ministerio de Hacienda le informó al Banco Central de Venezuela que el Ministerio de Relaciones Interiores había sido autorizado para comprar los dólares con el precio rebajado. En tan sólo seis días, el banco emisor libró dos cheques: uno por 7.250.000 bolívares y otro por 242.750.000 bolívares. Simultáneamente, la Secretaría de la Presidencia le pidió al Banco Central que le cambiara los dólares americanos, adquiridos a 14,50 bolívares, al valor del mercado libre, con una ganancia cercana a los 30 bolívares por dólar.

Se desató un "tire y afloje". El banco aducía que la solicitud atentaba, cuando menos, contra principios éticos en los manejos de las finanzas y le recomendaba al Gobierno que buscara una casa de cambios o alguna otra entidad financiera para hacer la operación en esas condiciones. Finalmente, aceptó entregar dos millones de dólares en efectivo y expedir un cheque por la diferencia: 14.741.379,31 dólares contra un depósito en el Irving Trust Company de Nueva York.

Un auditor del banco advirtió que la operación resultaba inusual y contraria a las prácticas de la reserva y entonces el cheque fue destruido. Sin embargo, alguien, probablemente el propio 'Águila', hizo un microfilm y lo reservó para la posteridad. Investigadores de la Fiscalía General de la República comprobaron, gracias al material aportado por el periódico, que los cerca de 15 millones de dólares fueron retirados en realidad el 17 de marzo en billetes de cien. Sin posibilidad física de custodiar 140.000 billetes, el banco los dispuso en dos anaqueles y los fue entregando en la medida de los requerimientos de gastos rotulados bajo el ítem de "seguridad nacional".

Después de su primera columna de opinión sobre el tema y de un reportaje que apenas revelaba aspectos parciales de la investigación, José Vicente Rangel se marginó del ámbito periodístico y asumió su denuncia como un ejercicio de control político personal y apegado a las causas de la izquierda.

"Es evidente que Rangel acusó recibo de las críticas del propio Gobierno y temió que sus denuncias perdieran efecto en la medida que se afectara su credibilidad. Por eso, decidió dejar de lado su fuero periodístico y asumir la denuncia como un ejercicio de control político particular", opina Iván Arellano, analista de medios de la Universidad Simón Bolívar de Caracas.

El fiscal general de la época, Ramón Escovar Salom, recibió la memoria de lo que en principio fue para Rangel una investigación periodística, y las incorporó a un expediente al que de ahí en adelante se referiría como al "libro gordo" de la administración de justicia.

En esta sucesión de hechos, el Rangel político dejó de lado al Rangel periodista y en esa condición sustentó sus acusaciones ante los estrados judiciales y parlamentarios. Además de la apertura de un proceso penal a cargo de fiscales, la Asamblea Nacional creó una comisión especial para hacer simultáneamente un juicio político contra el primer mandatario. Los documentos que le entregó a Escovar Salom, adobados con cifras sobre el crecimiento patrimonial del Presidente y con un reporte de la organización electoral de Nicaragua que certificaba que Pérez aparecía como aportante financiero a la campaña de Violeta Chamorro, hicieron que el mandatario fuera separado del cargo el 20 de mayo de 1993 por el Congreso y destituido cuando la Corte Suprema encontró que las pruebas eran categóricas.

En esa época, aparte de la carga de denuncias publicadas por *El Universal* que destaparon la esencia del escándalo, otros medios, como el periódico *El Nacional* y Radio Caracas Radio (RCR) hicieron pleno eco del entuerto y empujaron a los demás poderes a meter baza en el asunto. La Justicia y el Congreso entendieron que no podían ser inferiores al reto.

El 18 de mayo de 1994, cuando iba a encontrarse con su esposa en un exclusivo restaurante de El Chacao, CAP fue arrestado por agentes judiciales. Una caravana de simpatizantes lo acompañó hasta la cárcel de El Retén del Junquito, en las afueras de Caracas, donde quedó confinado como el prisionero número 368. A la celda vecina había llegado veinticuatro horas antes su ministro del Interior, Alejandro Izaguirre, quien se aferraba al expediente de que en el manejo de las partidas sólo se limitó a cumplir órdenes presidenciales.

Por consideración a su edad y al cargo que había ostentado, la Corte le dio al ex mandatario la casa por cárcel y lo envió a su quinta La Ahumada, en Oripoto, a veinte minutos de la capital venezolana. Un notificador, que debió treparse a un árbol de algarrobo para evitar un ataque de los furiosos mastines que custodiaban el lugar, tuvo que ingeniárselas para entregarle copia del fallo que lo condenó a dos años y cuatro meses de prisión por malversación.

Cumplida la pena en la quinta, donde atendía visitas, respondía entrevistas a la prensa internacional y atendía a algunos de sus electores, CAP fundó el Movimiento de Apertura y Participación Nacional con la intención de conseguir un escaño de senador. Su intención última era, en realidad, protegerse con el blindaje de la inmunidad parlamentaria de las nuevas acusaciones de corrupción que él veía venir, mientras la prensa y una comisión judicial husmeaban en busca de los rastros de por lo menos una cuenta mancomunada abierta en Nueva York por él y por su esposa, Cecilia Beatriz Matos Molero.

Consiguió la elección, pero su triunfo fue flor de un día. El entonces Presidente, Hugo Chávez Frías, suspendió en 1999 la actividad de las cámaras legislativas y convocó un proceso constituyente. Enfrentado a aspirantes nuevos en la política, pero amigos del establecimiento, Pérez no logró conseguir un cupo en la Asamblea Nacional llamada a modificar la Carta Política de Venezuela.

En diciembre de 2001, poco después de que el ex mandatario partiera hacia República Dominicana en busca de refugio, la justicia penal venezolana, apoyada por el Gobierno, que tenía como segundo de a bordo al propio Rangel, comprobó la existencia en Nueva York de la cuenta 60634770. Se trata de un fondo mancomunado abierto por Cecilia Matos, identificada en los expedientes judiciales como la concubina del estadista tachirense.

Mientras rehuía las preguntas de la prensa internacional, Cecilia Matos fue quien, sin querer, puso a los investigadores tras la pista del dinero. Ella, una mujer poderosa, que había enamorado a CAP siendo su secretaria privada y que se arrogaba incluso la facultad de decidir qué oficiales llegarían o no a generales en el estamento armado, llamaba con insistencia al Republik National Bank of New York para ordenar traslados de dineros. Varias de sus conversaciones fueron grabadas, aunque la Policía no logró detenerla antes de que saliera del país para irse a Centroamérica.

El 20 de diciembre de 2001, un juzgado de primera instancia de Caracas ordenó que Pérez, que entonces se movía entre Santo Domingo y Miami, fuera detenido en su domicilio con carácter preventivo en relación con los fondos públicos desviados a las cuentas secretas. El 3 de abril la Cancillería del Gobierno cursó la petición oficial a la República Dominicana para la extradición del ex presidente y de su compañera. Sin embargo, las diligencias se diluyeron en el tiempo.

El entonces fiscal general, Isaías Rodríguez, comprobó personalmente, mediante el uso de un exhorto judicial, que en la cuenta mancomunada Pérez y Matos llegaron a movilizar 814.896 dólares en 185 cheques, entre 1987 y 1992.

"Eso significa, a juzgar por la época, que no sólo los dineros de los gastos reservados fluyeron por allí", diría Rodríguez al sustentar la acusación.

Los hallazgos de la Fiscalía, la Contraloría y de un tribunal de salvaguarda corroboraron también las denuncias de Rangel según las cuales las cuentas mancomunadas entre el ex presidente y la señora Cecilia Matos fueron abiertas por ella con cinco mil dólares. También ella firmó a nombre de los dos en la planilla de apertura.

En sus entrevistas cotidianas a través de cadenas internacionales de radio y televisión, Pérez insistía en que ni siquiera había manejado una chequera de esa cuenta. Lo dijo hasta el día en que la magistrada Martha Poleo anexó al expediente los *vouchers* y una relación de varios depósitos bancarios y de algunas cuentas cifradas que el ex presidente, a decir de sus denunciantes, uno de ellos el diputado Carlos Tablante, habría trasladado a Suiza.

En las cuentas aparecían unos depósitos hechos por algunos empresarios venezolanos a nombre de Cecilia Matos, pero destinados a una fundación de protección a niños indígenas. Sin embargo, los abogados del presidente Pérez y el contralor de la época, Eduardo Roche Lander —hombre considerado afecto al Gobierno de Pérez— aseguraron que algunos de los *vouchers* habrían sido adulterados y, como tal, invalidados.

Su criterio no fue compartido por la magistrado ponente, quien en su decisión había pedido una rogatoria al Gobierno de Suiza para que informara si el dinero atribuido al ex presidente había ingresado a los bancos de aquel país. La rogatoria nunca llegó, por lo menos hasta que desapareció el tribunal de salvaguarda.

"CAP pudo resistirlo todo, el intento de golpe de Chávez en 1992, la impopularidad por las graves consecuencias del Plan de Ajuste y los quebrantos propios de la edad. Todo, salvo la fiscalización real de los medios de comunicación", observa Oswaldo Figueroa, relator de la Corte en aquella época.

"Si hubiera hecho mis denuncias en calidad de periodista, quizá se habrían perdido en un debate sobre sesgos y supuestos intereses mezquinos. Entonces tuve que hacerlo desnudando su verdadera intención política; esa franqueza siempre me la agradeció el público", confesó

Rangel en 1998, durante un foro de la Sociedad Interamericana de Prensa.

Pérez, que dirigió Venezuela, primero entre 1974 y 1979 y luego entre 1989 y 1993, quedará para la historia como el único presidente que no pudo concluir un mandato y que fue destituido por orden judicial, gracias al conato investigador de la prensa.

ECUADOR

Nombre: Lucio Edwin Gutiérrez Borbúa

Fecha de nacimiento: 23 de marzo de 1957 en Quito.

Profesión: Oficial de Ejército e ingeniero civil licenciado en Administración.

Período de Gobierno: 2002-2005

Acusación: Atentar contra la seguridad nacional.

Situación actual: Luego de su reclusión en el Centro de Rehabilitación Nº4 de Quito, en marzo de 2006 la Corte Suprema de Justicia lo dejó en libertad. Gutiérrez será de nuevo candidato a la presidencia.

La rebelión de *La Luna*

LA CIUDAD DE QUITO estaba encendida como una barricada. Esa noche de miércoles, los ecos de las cacerolas y de los bocinazos de los carros se multiplicaban en varios barrios de la ciudad, tal como ocurrió alguna vez en la Caracas convulsionada por los antichavistas, en las calles bonaerenses por la crisis de principios de siglo, o en Santiago bajo la represión de Augusto Pinochet.

Lo que pasó horas antes había sido calificado por el Gobierno como un rotundo fracaso. El llamado a paro convocado por las asambleas de la capital y de la provincia de Pichincha, controladas por el Partido Izquierda Democrática, estuvo lejos de perturbar la normalidad de la capital. No en vano esa misma tarde, las palabras del ministro del Gobierno, Óscar Ayerve, se acercaron al desprecio, y sirvieron de excusa para burlarse de los opositores al régimen del ingeniero civil y coronel retirado Lucio Gutiérrez.

Decir en conferencia de prensa que la gente prefirió ir a trabajar por encima de la protesta fue una sentencia apresurada. Sonó a triunfalismo. "Sólo unas setecientas personas salieron a las calles", dijo en esa ocasión Ayerve, aunque la agencia de noticias AFP reportó que —más allá de los números— cerca de la mitad del transporte no funcionaba y que había varias barricadas en las calles quiteñas.

De todas las cifras que se barajaron ese miércoles 13 de abril de 2005, la verdad era que menos de cinco mil personas habían atendido el llamado de Izquierda Democrática. A la hora del balance, lo único que ganaron los manifestantes fue una respuesta policial de bombas lacrimógenas y un discurso timorato del alcalde de Quito, 'Paco' Moncayo, uno de los héroes de la guerra del Cóndor contra Perú, en 1995. Ni siquiera los grandes medios tomaron en serio la revuelta callejera, ya que los programas y noticieros estaban pendientes de la agonía del papa Juan Pablo II en el Vaticano, y de su posible sucesor al frente de la Iglesia Católica.

Pero estaba en lo cierto el historiador Pedro Saad al reproducir en su libro *La caída de Lucio* un *graffiti* de esos días que desafió la cordura: "La revolución no será televisada".

Los pormenores de esa noche agitada fueron transmitidos por la radio. Francisco 'Paco' Velasco, director, periodista y conductor de la emisora juvenil *La Luna*, y su compañero de micrófono, Luis Ramiro Pozo, estaban dolidos por el desenlace de esa jornada de protesta, tanto por la tenue reacción de los líderes de la marcha frente al Gobierno —el alcalde y el prefecto Ramiro González—, como por las puyas del ministro Ayerve. Como parte de sus alegatos, recordaban otra marcha, la del 16 de febrero de ese mismo año, convocada por el mismo alcalde de la capital, que habría reunido, esa sí, a más de ciento cincuenta mil personas en la céntrica plaza San Francisco y sus alrededores, según cálculos del periódico *El Comercio*.

Aunque esa convocatoria de febrero asumió un tono pacífico, fue de tal peso la fuerza de las masas que el mandatario congregó una contramarcha de adeptos y policías que sirvió de escudo humano para proteger cualquier intento de tomarse el palacio presidencial. Por suerte, ese día los bandos no se encontraron en el centro histórico de la ciudad, pero resultó ser la mayor concentración humana contra Lucio Gutiérrez tras sus polémicas medidas de los últimos meses: la disolución de la Corte Suprema en diciembre de 2004, el nombramiento de un íntimo del ex presidente Abdalá Bucaram en la jefatura de ese alto tribunal y el posible regreso a Ecuador del ex mandatario de origen árabe, luego de su huida a Panamá para evitar los juicios que pesaban en su contra.

Tiempo atrás, recién fundada la estación radial, la voz socarrona de Velasco atacó a 'El Loco' Bucaram y a sus 180 días de poder, incluidas sus polémicas interpretaciones de boleros. El periodista también había subido el tono de sus críticas en las postrimerías del mandato de Jamil Mahuad, después de la dolarización y del *crack* de la economía. Siempre con el mismo formato: programas de conversación, micrófonos abiertos, espacios para las minorías, sátira política acompañada de una que otra canción y un chorro de irreverencia contra las autoridades.

Esa vez, como a las seis de la tarde del miércoles 13 de abril, las palabras de Velasco eran desafiantes contra el gobierno de turno por la soberbia de Ayerve, tildado por sectores de izquierda como "fascista", al minimizar la poca participación de la gente en la manifestación callejera. Sin decirlo a sus oyentes, en la pequeña cabina de la estación radial se paseaban el desespero y el cansancio, hasta que una llamada cambió la rutina de los acontecimientos. Velasco atribuyó al azar que, en esos momentos de intranquilidad, hubiera aparecido al aire una voz femenina —hasta hoy nadie sabe su nombre— que argumentó su ausencia de la marcha por razones de trabajo, como también las ganas reprimidas que sentía por salir a las calles a gritarle su enfado al inquilino del palacio de Carondelet, aunque fuera en la noche.

—Propongo hacer un acto, una marcha —sostuvo la voz de la señora en la 99.3 de la F. M.

—¡Chuta, qué onda! —reaccionó 'Paco' al aire—. Aquí hay algo; ella nos está diciendo que no cayó en la trampa del Gobierno de que la gente no asistió por voluntad propia.

Para picar a la audiencia, Velasco mandó a sus colaboradores a pasar una y otra vez las declaraciones del ministro, al mismo tiempo que olvidó unos de los pilares fundamentales del periodismo frente a los hechos: la objetividad. "Ser neutral —diría tiempo después para la investigación de este libro— significaba actuar como cómplice del régimen". Así que aún sin conocer el alcance de su proceder, desde aquel instante la radio cobraría un papel vital para desestabilizar al Gobierno de Gutiérrez.

—¿Y por qué no hacemos sonar las cacerolas a las nueve de la noche? —exclamó otra oyente minutos después.

—¿Eso es lo que usted propone? ¡Perfecto! —sentenció el conductor.

Los minutos pasaban y los periodistas de la emisora quiteña —cuya principal audiencia era juvenil y de clase media urbana— empezaron a contar el tiempo que faltaba para las nueve de la noche. "Faltan dos horas y nueve minutos para tocar las cacerolas", advertía la voz ronca de este periodista de 47 años, que parecía copiada del relato *Pantaleón y las visitadoras,* de Mario Vargas Llosa

En cuestión de minutos, los cuatro micrófonos de *La Luna* colapsaron por la cantidad de llamadas que se unían a la nueva convocatoria.

—Propongo que marchemos en la avenida Shyris —replicó otro oyente.

—¡Perfecto!

A un costado del parque La Carolina, la avenida Shyris ha servido de escenario para celebrar los pocos triunfos de la selección de fútbol, y cada fin de semana recibe a los jovencitos de "bien" en sus bares y restaurantes a reventar. Velasco accedió con una pizca de desconfianza, porque era consciente de que el acto iba a ser calificado de *light*. Corrió el riesgo sin saber que la tecnología también jugaba a su favor, ya que miles de esos jovencitos se mandaron correos electrónicos y mensajes de texto entre teléfonos móviles para expandir la noticia de la noche de los cacerolazos.

Todavía Ecuador vivía con orgullo y efervescencia la primera participación de su escuadra en el mundial de Japón y Corea de 2002, y ya se perfilaba en esos días con claras posibilidades de clasificar para la copa de Alemania 2006. De ahí que algunos sociólogos locales consideren que ese tipo de sentimientos nacionalistas, de amor a la camiseta patria, constituyen un símbolo de "unidad nacional". Y la avenida Shyris era el escenario propicio para este tipo de actos folclóricos, donde esa noche sólo se escucharían las consignas "¡fuera Lucio!" y "¡fuera todos!".

Desde diciembre, cuando el presidente disolvió la Corte Suprema, las encuestas habían dejado de favorecerlo. En marzo de 2005, por ejemplo, en una pared urbana se leía: "Que las putas tomen el poder. Sus hijos han fracasado".

Lo curioso es que antes de que este país estuviera polarizado frente al Gobierno de Gutiérrez, radio *La Luna* y otros medios de comunicación independientes fueron fieles seguidores del ex oficial. Lo hicieron abiertamente desde los tiempos electorales en noviembre de 2002 y en contra del candidato de la derecha, el multimillonario Gustavo Noboa, quien según la revista *Forbes* amasaba una fortuna cercana a los 1.200 millones de dólares. Como muestra de esta empatía, la alianza de Gutiérrez en la segunda vuelta con el partido de los indígenas, Pachakutik, cayó bien en el programa *La Clave*, que dirige Velasco desde hace nueve años en una casona azul de dos pisos. Lucio se aseguró el apoyo de buena parte de los ciudadanos de origen indígena, a los cuales mantuvo a raya, pese a que habían tumbado a dos gobiernos seguidos: al de 'El Loco' Abdalá Bucaram, el 5 de febrero de 1997, y al de Jamil Mahuad, el 21 de enero de 2000. También, en ese mismo periodo electoral era bien visto por 'Paco' Velasco que una mujer indígena, Nina Pacari, fuera la fórmula de Lucio para comandar las relaciones exteriores del país.

Pese a la popularidad inicial, el Gobierno del ex coronel Lucio Gutiérrez fue resistido desde el comienzo por otros sectores. Algunos de los más tradicionales medios de comunicación, pertenecientes a las grandes familias empresariales de la costa y la sierra, lo cuestionaban por su pasado golpista en las revueltas indígenas de 2000, que derrocaron a Mahuad y permitieron la subida al poder del vicepresidente Gustavo Noboa.

A esa corriente opositora se sumó la emisora de Velasco apenas Lucio se instaló en el palacio de Carondelet. Tres semanas de gobierno fueron suficientes para que la 99.3 de la F. M. cambiara el rumbo de su discurso. Sacó al aire una vieja costumbre ecuatoriana que se destaca en casi todos los medios escritos locales: el humor político.

Por este lado de la cordillera de Los Andes lo asocian a la rapidez bromista del capitalino, también llamada "sal quiteña". Ataúlfo Tobar, uno de los socios de Velasco desde cuando ambos compraron la radio en 1996 —y desde mucho antes, cuando fundaron la ONG Cedep para proyectos de educación popular—, se encargó de los acordes de las caricaturas musicales contra Lucio y su séquito. Las canciones ya habían sido usadas para provocar la caída de los mandatarios anteriores, pero en ese momento tomaban más vuelo, ya que 'Paco' destrozaba al Gobierno con un lenguaje popular, repleto de agravios. "Uso todo el castellano de Cervantes", esgrimió Velasco para defender sus expresiones.

Uno de los primeros acontecimientos en los que *La Luna* asumió la voz crítica de Quito fue luego del viaje de Lucio Gutiérrez a Estados Unidos, el 11 de febrero de 2003. Recién posesionado, el Presidente ecuatoriano sorprendió a sus partidarios de izquierda y a los indígenas al decirle al entonces presidente norteamericano George W. Bush: "Queremos convertirnos en el mejor amigo y aliado de Estados Unidos en la lucha permanente por alcanzar la paz en el mundo…".

Para esa ocasión, Ataúlfo Tobar creó *La profecía*, una canción que acompañaba el discurso incendiario de Velasco y hablaba de la metamorfosis de Gutiérrez: "Una niña patria se enamoró, y un coronel que al pasar le dijo un verso y una promesa de amor…".

En medio del giro de timón del Presidente, que acercaba a Ecuador al Plan Colombia y a un TLC con Estados Unidos, Velasco reportó varios acontecimientos locales, en especial el intento de asesinato de Leonidas Iza, presidente de la Confederación de Nacionalidades Indígenas del Ecuador (Conaie), que se desligó de Gutiérrez a los seis meses de su mandato, al igual que su brazo político Pachakutik. A la mañana siguiente del atentado contra Iza, el 3 de febrero de 2004, el locutor reveló varios testimonios que acusaban a las fuerzas de inteligencia del régimen como las autoras de los disparos. Hasta las dependencias de la pequeña emisora llegó un coronel a confiscar la cinta de grabación porque iban a enjuiciar a Velasco por injurias contra el Gobierno y por atentar contra la seguridad nacional. Aunque la amenaza no llegó a mayores, sí fue considerada por el periodista como el prólogo de las actuaciones de las autoridades contra la emisora en los meses siguientes.

En otra oportunidad, el periodista quiteño rescató del lenguaje barrial la expresión "¡Toma, yuca!", que se traduce como un gesto poco caballeroso realizado con una mano cruzada sobre un brazo en alto, para dedicárselo a Lucio directamente desde su cabina. Fue tanta la rabia que generó dentro del Gobierno que el secretario de comunicaciones habló en un programa de televisión y calificó "a ese reportero que dice '¡toma, yuca!'" como un mentiroso. Velasco, dando muestra de su histrionismo, fue invitado al mismo programa televisivo, y, para seguir con el juego, llevó un tubérculo gigante y se lo mostró a los televidentes en señal de burla.

Con esos antecedentes a cuestas, Velasco pasó de la sátira contra Lucio a los hechos concretos la tarde del miércoles 13 de abril de 2005. Ya había logrado en pocas horas el llamado a una nueva movilización nocturna con el toque de cacerolas y sólo le faltaba esperar las nueve de la noche. Por el micrófono, el polémico conductor seguía recordando, como en la Noche Vieja, cuánto faltaba para las nueve —"falta una hora y cinco minutos"— mientras los oyentes llamaban para comprometer su asistencia sólo con camisetas amarillas como las de la selección de fútbol; nada de colores políticos.

La idea de una nueva convocatoria ya había calado entre sus oyentes, pero ni en el más optimista de sus pronósticos se imaginaba el alcance social que podía generar un medio de comunicación como la radio. Hasta que llegó la hora.

En *La Luna* optaron por el silencio para escuchar el fervor ciudadano. 'Paco' subió de prisa a la azotea de la casona azul. No podía ver a las quince mil personas que se agolpaban en la avenida Shyris, pero el estruendo de las cacerolas y las llamaradas en algunas calles eran la mejor señal de que su llamado radial había penetrado en el alma de Quito. "¡Esto se jodió!", gritó.

"Forajidos" en cadena

El origen del descontento ciudadano se puede trasladar meses antes a Ciudad de Panamá. El 1º de septiembre de 2004, el mandatario le propinó un golpe bajo a la sociedad ecuatoriana, que se desveló gracias a la sagacidad de los enviados especiales. Los medios lograron filtrar la verdadera intención del viaje de Lucio a Panamá, que no era asistir exclusivamente al traspaso de mando de Martín Torrijos, sino también a una reunión secreta con el ex presidente Abdalá Bucaram. A puertas cerradas, ambos líderes buscaban un acuerdo que permitiera cuadrar, cuanto antes, el retorno a Ecuador del ex mandatario sin que la justicia le cayera encima, a cambio del respaldo de su colectividad política, el Partido Roldosista con catorce de los cien diputados del Congreso, que le permitirían a Lucio seguir gobernando en calma. Era difícil la jugada, ya que hasta esa fecha 'El Loco' tenía orden de captura y la justicia —cercana a la derecha tradicional del país— no iba a retroceder en esa cruzada.

Hubo que esperar hasta diciembre de ese año para que se materializara el propósito de esa cita privada en Panamá, cuando de un zarpazo Gutiérrez disolvió la Corte Suprema y nombró a 31 magistrados cercanos a las toldas de Bucaram. Bajo el mando de Guillermo Castro, las decisiones de la llamada "Pichi Corte" terminarían por acorralar a un presidente que alguna vez gozó de la simpatía de una parte de la izquierda latinoamericana.

Aunque las marchas cayeron en cascada los tres primeros meses de 2005, en abril, tras la medida de la nueva Corte Suprema de limpiar de culpas a Bucaram y a otros ex presidentes, las fuerzas opositoras reaccionaron con ira para pedir la salida de su gobernante. Sin procesos en contra, la llegada de 'El Loco' era una afrenta sin precedentes para la sociedad ecuatoriana. Para muchos, un insulto. Sobre todo en Guayaquil, su lugar de origen y donde más controversia generaba su presencia. De ahí que brotaran espontáneamente protestas masivas ese sábado 2 de abril de 2005, cuando Bucaram pisó la segunda ciudad más importante del Ecuador.

Once días después, esa ola de repudio la repitieron la clase media de Quito y la 99.3 de F. M. con la noche de los cacerolazos. El clima era propicio para el tinte periodístico de 'Paco' Velasco: un amplio sector de la población —que tomaría el nombre de "forajidos"— estaba cansado del Gobierno y de sus políticos.

Trasnochados y expectantes, los responsables de los micrófonos de *La Luna* se volvieron a conectar con sus oyentes a las seis de la mañana. La falta de sueño era lo de menos el jueves 14 de abril de 2005, tras la primera noche de agitación. Velasco había dormido dos horas en las oficinas de la emisora. Retomó el mando de su programa con el éxito a sus espaldas. El cacerolazo había terminado cerca de las cuatro de la madrugada, y, además de la caminata por la avenida Shyris, varios piquetes de manifestantes habían realizado acciones aisladas en otros sectores de la ciudad con inesperadas consecuencias, como la de una caravana de carros que se plantó en las afueras de la casa familiar del presidente Lucio Gutiérrez, en el barrio El Batán, haciendo sonar las bocinas hasta la madrugada.

Este hecho no pasó inadvertido en el palacio de gobierno. Además de minimizar el número y la "calidad" de los manifestantes de la Shyris, Lucio Gutiérrez tiró al aire un calificativo contra el puñado de carros que no había dejado dormir a sus hijas, y que se convertiría en el nombre de batalla de la oposición: "¡Son unos forajidos!", espetó.

Velasco se dio cuenta del provecho que podía sacarle al insulto del Presidente, y se llamó a sí mismo un "forajido". "Yo soy 'forajido' y mi nombre es tal", dijo un oyente al aire. "Yo también soy 'forajido'", sostuvo otro. A las nueve de la mañana, todos eran "forajidos", es decir, desde ese momento el movimiento urbano contra el Gobierno tuvo nombre propio.

Según lo explica el investigador de la Facultad Latinoamericana de Ciencias Sociales (Flacso) Hernán Reyes lo que ocurrió fue una estrategia similar a la del movimiento zapatista en México con la máscara del subcomandante Marcos. De ser un icono negativo se transformó en un arma publicitaria positiva. "Toda la gente empezó a decir yo soy Marcos, yo también, y al final todos eran Marcos".

La oposición quiteña tenía nombre, pero faltaba lo mejor de la segunda jornada. Durante todo el jueves 14, los micrófonos de *La Luna* estuvieron abiertos para la voz ciudadana y, dirigidos por el entusiasmo de Velasco, cuadraron el enfoque de una nueva marcha nocturna. Veinticuatro horas antes había sido con cacerolas; esta noche correspondía el turno al "reventón", una protesta sonora con globos. Ya en la tarde, a la radio, ubicada a unas cuadras de la avenida Shyris, comenzaron a llegar donaciones de globos de colores, aunque 'Paco' se trasladó al sur de la ciudad para comprobar sobre el terreno que la marcha ganaba protagonismo en los sectores populares. Con esto quería desmitificar que la protesta era exclusiva de los "aniñados de la Shyris". Fue todo un éxito en varios barrios de Quito, a pesar de que la mayoría de las televisoras locales tomaban este movimiento como una pequeña noticia, o simplemente no lo registraban.

La jornada del viernes 15 fue distinta. Desde la mañana, 'Paco' ideó con sus oyentes el "tablazo", otra forma de protesta que buscaba hacer ruido con dos palos de madera. La gente que llamaba a la emisora decía que ya estaba lista para salir nuevamente en la noche, y cada vez se sumaban más organizaciones urbanas y universitarias a la convocatoria.

Los aparatos de seguridad del Gobierno recurrieron a diferentes técnicas para frenar la avalancha. Primero, en la noche del jueves, cortaron las líneas telefónicas de la emisora. 'Paco' y sus colaboradores se las ingeniaron para seguir al aire gracias a sus aparatos celulares y a las conexiones "hechizas" que prestaron los vecinos. Al mediodía del viernes se apagó la luz en los alrededores de la radio. Velasco denunció públicamente ante los medios internacionales que era objeto de un sabotaje. En consecuencia, la energía volvió a las tres de la tarde, sin que nadie diera una explicación coherente.

En medio de esta lucha por salir adelante con la frecuencia, Velasco recibió una llamada a su móvil.

—Aló, 'Paco', no te muevas de donde estás, porque te están esperando afuera —le imploró el editor judicial del periódico *El Comercio*, Arturo Torres, minutos después de recibir una llamada de una fuente policial confiable que le advirtió la presencia de unos sicarios en las afueras de la estación.

—Gracias, hermano —contestó Velasco.

—'Paco', cuídate —dijo Torres y colgó.

El locutor no se movió de la cabina durante toda la tarde.

Las amenazas llovían por el hilo telefónico. Algunas salieron al aire. El director de la radio no tenía tiempo para detenerse o cuestionar lo que pasaba, menos en esa subida de adrenalina, pero sí lo tuvo para organizar la salida de su familia de la ciudad. Eso lo dejó más tranquilo y le permitió usar todo su discurso explosivo para alentar a las masas quiteñas en su tercera jornada de protesta.

Duró poco la calma en la emisora. En el atardecer de ese viernes varios generales del Ejército y de la policía llamaron al director en calidad de amigos y le advirtieron de los peligros que corría *La Luna*. Desde temprano, algunos "forajidos" se habían instalado con carpas en la entrada de la casa donde funcionaba la radio, en plena avenida América, para ayudar a coordinar las marchas y resguardar lo que en ese momento era el "megáfono de la intifada". Durante todo el día, unas tres mil personas recibieron en la entrada de la estación el simbólico diploma de "forajido".

Ellos fueron los que detectaron a un grupo de cuarenta individuos que, con antorchas y armas cortas, se dirigían a quemar la sede central de *La Luna*. Los vigilantes de la radio se abalanzaron sobre los intrusos antes de que incendiaran la casona azul. En medio de la trifulca de palos y patadas atraparon a uno, quien confesó en el estudio, ante Velasco, que todos eran funcionarios del Ministerio de Bienestar Social y que estaban ahí por órdenes directas de sus superiores.

—¡Paco, te tenemos un prisionero! —recuerda el periodista que le dijo uno de sus defensores espontáneos, mientras otros le mostraban como una presa de cacería a un hombre costeño y de origen humilde.

—Mira, yo voy a preservar tu vida —le habló Velasco al detenido—, pero tienes que decirnos quién te mandó a quemar la radio.

—Yo sólo cumplo órdenes —respondió el joven antes de entrar a la cabina para contar la historia—. Soy chofer, un trabajador del Ministerio de Bienestar Social y nos amenazaron que si no veníamos nos botaban del puesto.

—Te prometo que si te echan, yo te doy trabajo como sea en *La Luna* —le aclaró el director—. Pero tienes que contar quiénes son los responsables de este atentado.

Mientras el "entrevistado" repetía la confesión al aire, las principales vías de la ciudad, desde la avenida Shyris, Amazonas y la zona de La Mariscal hasta las calles del sur, se colmaron de carros con manifestantes que portaban banderas y camisetas de la selección. Una fiesta completa, pero de protesta.

Lo más probable era que el ruido de la ciudad llegara hasta el tercer piso del palacio de Carondelet, donde vivía el Presidente, quien a las nueve y media de la noche, por cadena nacional, decretó el estado de excepción en Quito, restringió las libertades y disolvió la Corte Suprema. Unas medidas desesperadas, con tropas en las calles, para frenar la revuelta.

Pero era demasiado tarde. Las protestas, que habían comenzado dos días antes, respondían al desprestigio de un gobierno que desde el principio fue cuestionado por varios sectores de la sociedad ecuatoriana. Con el paso del tiempo, la oposición cobraría más peso y no pararía hasta ver huir al Presidente del palacio de gobierno en un helicóptero Superpuma, que lo llevaría al aeropuerto Mariscal Sucre de Quito, y de ahí a Brasil.

La Legión Blanca

A los principales medios escritos del país sólo les bastó unos meses de gobierno para darse cuenta del espejismo de Gutiérrez, que se aferró a varios ex compañeros de armas para blindar su Gobierno y actuar de forma impredecible.

En este acomodo de fuerzas aparecieron las primeras amenazas y acosos a periodistas críticos. Se trataba, según adeptos del Gobierno, de una respuesta lógica a los ataques sin fundamentos, a las injurias. Gutiérrez los llamó "mentirosos", "solapados deudores de la oligarquía", "testaferros", "podridos" y "sinvergüenzas". En febrero de 2003 comenzaron a llegar hasta los buzones electrónicos de varios reporteros una serie de comunicados: "Vamos a acabar con los rojos, comunistas, socialistas, homosexuales, prostitutas,defensores de los derechos humanos, gente que ante la mirada de Dios y la democracia son la lacra que debe ser exterminada".

Si se analizaba la firma de la carta anónima, la responsable era la organización Legión Blanca, que hasta hoy no tiene cabeza ni representante legal, pero que ese año realizó varias acciones de intimidación contra los medios de comunicación adversos a las políticas del "dictócrata", como el mismo Presidente se hizo llamar.

Como si nadie pudiera descubrir sus redes de operación, la Legión Blanca reapareció siete meses después, en septiembre de 2003. Esa vez, su *modus operandi* consistió en pagar un aviso en el periódico *El Comercio*, para dar las condolencias a cinco periodistas muertos. Antes de que el pésame se estampara en las páginas del diario, un editor se percató de que todos los reporteros mencionados estaban vivos y tenían en común haber desafiado al régimen con su pluma.

En esa lista aparecía Kintto Lucas. Uruguayo de acento y de familia, este periodista de izquierda se había ido con todas sus baterías contra Lucio en los últimos meses de 2003, a pesar de que su semanario *Tintají* había aplaudido las primeras semanas del Gobierno. Con un humor satírico y refinado, esta publicación se mofaba de las actuaciones de la nueva administración en temas como el avance de las conversaciones de un Tratado de Libre Comercio con Estados Unidos, el derroche de dineros por la realización del concurso Miss Universo o la extraña cercanía con Colombia, pese a los problemas fronterizos por el conflicto interno del país vecino. Sin contar con la condolencia y las amenazas telefónicas, la inteligencia de la Legión Blanca (según los periodistas eran grupos de la Policía) sólo alcanzó para atacar la sede de *Tintají* en un departamento del norte de Quito y llevarse unos viejos computadores.

Más que acciones puntuales de represión de un organismo de seguridad, parecían actos de principiantes o de ladrones comunes. De estas malas prácticas da fe el editor judicial del periódico *El Comercio,* de Quito, Arturo Torres, el mismo que avisó por teléfono a 'Paco' Velasco del plan para asesinarlo.

Con experiencia en investigaciones en varios medios locales y una pasantía en el diario londinense *The Guardian*, Torres y su equipo de trabajo fueron los primeros en cuestionar el origen de los dineros de la campaña electoral de Lucio Gutiérrez. Su sección ya gozaba de credibilidad, pues acababa de completar una investigación de varios meses, que desnudaba aumentos sustanciales en el patrimonio de algunos magistrados de la Corte Suprema, lo que provocó la renuncia de unos cuantos jueces. Por este trabajo ganaría el premio 2003-2004 a la mejor investigación periodística en la región, que otorgan Transparencia Internacional y el Instituto Prensa y Sociedad, Ipys.

Los nuevos hechos sólo se traducían como un desfile de rumores sobre los dineros calientes del proceso electoral, hasta que la sección judicial dio con un testimonio clave. En un café de la ciudad, una fuente cultivada por años reveló, bajo la promesa del sigilo, que el candidato de la izquierda y de los indígenas en las elecciones de 2002 había sido financiado con fondos del narcotráfico. La declaración fue la portada del diario al siguiente día.

Con esta primera pista, los comunicadores pudieron contar que todo el enredo se originó tras la operación policial "Aniversario", que el 22 de octubre de 2003 había logrado la detención de trece personas acusadas de trabajar desde Ecuador para el cartel mexicano de Sinaloa. Entre los apresados, que intentaban sacar del país media tonelada de cocaína, figuraba el ex gobernador de la provincia de Manabí, César Fernández, a quien detuvieron mientras embalaba el alcaloide en una de sus fábricas.

Poco conocido en los círculos del poder quiteño al momento de su detención, Fernández era un empresario camaronero anónimo que llamó la atención de los reporteros de *El Comercio* porque había tenido una destacada participación proselitista en favor de Lucio justamente en Manabí, por medio de anuncios en la radio, carteles, vallas publicitarias y un aporte de treinta mil dólares en efectivo.

Para la sección judicial era un antecedente de peso, que se sumaba a las denuncias del diputado de Izquierda Democrática, Carlos González, quien luego de un viaje a México destapó aportes no declarados por el comando de campaña de Lucio, hechos por el Partido de los Trabajadores de México. En los documentos que mostró el diputado y luego los medios, se confirmaron dos donaciones, la primera de 18.500 carteles con el rostro del candidato, y la segunda, como consta en la factura de compra Nº 1387, de la compañía Fecit de México, que registraba el nombre de la persona que envió los afiches y las pancartas a la casa de Gutiérrez en el barrio El Batán: Gaby Cárdenas, una de las secretarias del Partido.

Estas primeras pesquisas alentaron al reportero Byron Rodríguez a consultar varias fuentes políticas. En ese rastreo se encontró con uno de los tesoreros del Partido Sociedad Patriótica, brazo político de Lucio. No era casualidad que esta persona se prestara para confesar ante el comunicador, ya que el ex coronel había dejado en el camino a varios huérfanos de poder. Y en una muestra clara de su malestar, les contó a los investigadores, con grabadora en la mesa, la ayuda del empresario camaronero y todo el tejido de los dineros urgentes que se requerían para ganar la segunda vuelta.

Con esta prueba verbal que enlodaba la reputación del Presidente —jamás pudieron tener documentos físicos— el equipo de Torres se enfrentó esa misma tarde a los jefes del periódico, quienes decidieron publicar el material al otro día, 14 de noviembre de 2003. Ignoraron la falta de una prueba material, porque consideraron más importante decirlo cuanto antes y ganarle la partida a otros medios que andaban tras la misma pista. La reacción de Gutiérrez al ver la noticia en la primera página de *El Comercio* fue increpar al diario y compararlo con un "pasquín". Además, amenazó con llevar al periódico a un juicio por las mentiras, pero tuvo que bajar el tono una vez aparecieron varias fotos en las que se veía al lado del empresario de Manabí, muy juntos y en pose de amigos de toda la vida.

Al tiempo que se abría un proceso judicial para investigar el caso, los reporteros judiciales entrevistaron en la cárcel García Moreno a César Fernández, el empresario de Manabí. El inculpado accedió a hablar, siempre y cuando se mantuviera embargada parte de la declaración por razones de seguridad. Lo que publicó *El Comercio*, bajo la gestión del reportero Jean Cano, fue que Fernández sí ayudó a Lucio en la campaña, sin entrar en mayores detalles.

Una vez publicada la confesión parcial de Fernández, el editor judicial recibió varias llamadas telefónicas en las que amenazaron su vida y las de sus hijos. Un día que volvía de hacer reportería en el Congreso, Torres manejaba su automóvil y un señor le avisó que una de las llantas se tambaleaba. Al bajarse, se percató de que le habían sacado tres pernos y de que quedaba uno suelto. "Esto duró hasta mediados del 2004; nos tenían chuzados los teléfonos e incluso la misma gente de inteligencia nos advertía que nos estaban siguiendo", cuenta.

En este ambiente de hostilidades también se movía el periodista y columnista del diario *Hoy*, Orlando Pérez. Al mando del suplemento *Blanco y Negro* de ese matutino quiteño, que tira alrededor de treinta mil ejemplares, Pérez lideró la unidad investigativa de *Hoy* en los tiempos de Gutiérrez. Se destacó en 2004, cuando destapó varios escándalos, como los desvíos de dinero del Ministerio de Bienestar Social y de Petroecuador, así como el nepotismo de Lucio, que entregó a sus familiares varios cargos en dependencias oficiales.

Su pieza cumbre fue la investigación sobre el supuesto apoyo económico de las Fuerzas Armadas Revolucionarias de Colombia (Farc) a la campaña de Lucio, con el afán de lograr la neutralidad de Ecuador en el conflicto colombiano y obtener algunos permisos de tránsito para dirigentes de la guerrilla en territorio ecuatoriano.

No hay pruebas escritas sobre los sacos con seiscientos mil dólares, que habrían recibido el hermano de Gutiérrez y otros dos colaboradores en la frontera de Putumayo durante el periodo de las elecciones. El reportero reveló estos compromisos en un editorial en enero de 2005, tras una investigación de un año cultivando sus contactos con la guerrilla colombiana. En el artículo de opinión, Pérez se preguntaba qué hacían dos coroneles y un capitán pasando la frontera y juntándose con un grupo subversivo en una época tan delicada para esos asuntos.

Para lograr estos hallazgos, lo primero que hizo fue recurrir a uno de los dirigentes del secretariado de la guerrilla. Lo había conocido cuando trabajaba para el periódico *El Universo* de Guayaquil y cubría las conversaciones de paz de Colombia en San Vicente del Caguán, la zona de 42.000 kilómetros cuadrados destinada por el Gobierno de Andrés Pastrana para adelantar un proceso que terminó en un rotundo desastre.

Un alto dirigente indígena de la Conaie, que había salido del Gobierno a las patadas, también confirmó este hecho al periodista bajo la condición del anonimato, al igual que el ex militar y mano derecha de Lucio, el general retirado Patricio Acosta. En esas pesquisas vinculadas al narcotráfico andaba el columnista cuando una mañana de 2003 sonó el teléfono en la redacción de *Hoy* y, al contestar Pérez, el miembro de las Farc con el que había conversado horas y horas en el Caguán le dijo que lo quería ver, pues estaba de paso en Quito visitando a la familia.

El reportero se juntó con un hombre que se paseaba sin problemas por las calles de la ciudad. En la cita, Pérez sintió una especie de oferta de reclutamiento. Mientras se tomaban un café, el colombiano le conversó de su familia y de literatura como en los viejos tiempos y le dio un contacto en un café Internet de la calle Amazonas, la principal de la capital, para establecer vínculos cada vez que lo necesitara. Eso fue lo único que ganó del encuentro, porque el dirigente no quiso entrar en el terreno que le interesaba a Pérez: el supuesto dinero de la organización ilegal en la campaña de Gutiérrez.

En esa época, uno de los reporteros de *Hoy* se acordó de que en la contienda electoral el hermano del Presidente había visitado el matutino y le había confesado que, con su billetera, no le alcanzaba para pagar el arriendo. Al investigar tres meses después a este mismo personaje, el suplemento Blanco y Negro de *Hoy* pudo comprobar que vivía plácidamente en una casa de 270.000 dólares en las afueras de Quito. Y si la declaración oficial de los recursos que financiaron la campaña de Lucio no sobrepasaba los 150.000 dólares, el editor de *Hoy* deducía que en el remanente del aparente aporte de las Farc, unos 450.000 dólares, podía estar sustentada la mudanza del hermano de Lucio.

Como quedaban algunos cabos sueltos, Pérez visitó el café Internet a mediados de 2003. El señor que atendía los computadores le dijo que volviera en dos días. "Le vamos a avisar", le comentó.

—Aló, señor Pérez —se comunicó una voz desconocida al periódico a los cinco días—. Vamos a vender unos zapatos en una cafetería del centro comercial El Jardín, y la persona estará leyendo la revista *Vistazo*.

—Ahí estaré. Hasta luego.

Se trataba de otro contacto de la guerrilla, quien le dio unos documentos políticos para publicar en el diario. No entregó ninguna pista sobre la financiación de la campaña, a pesar de que el reportero se mantuvo firme en su pedido de detalles sobre el patrocinio de las Farc, pero el enviado de la insurgencia se excusó con el argumento de que su cargo le impedía suministrar esa información.

La víspera de Navidad de 2003, el reportero recibió otra llamada, en la que le proponían una nueva cita. Esta vez era en otro café de la transitada calle Amazonas. Allí estaba sentado su viejo amigo de tertulias del Caguán, con su barba larga y su pinta de profesor universitario. La fuente, guardada bajo llave por el periodista, le confesó toda la trama: cómo había cruzado la delegación del entonces candidato Gutiérrez el puente fronterizo de San Miguel y cómo las Farc le habían entregado un saco repleto de dólares a cambio de neutralidad en el conflicto.

Con esta avalancha de testimonios, Pérez se reunió con los editores más importantes del periódico para hacer una gran entrega sobre las denuncias contra el Presidente. *Hoy*, sin embargo, le bajó el tono a su propuesta, y a Pérez no le quedó más que seguir investigando otros temas menos comprometedores, como el casamiento de la hija del llamado canciller de las Farc, Rodrigo Granda, en el hotel Mercure de Quito, con la presencia de Raúl Reyes, el vocero internacional de la organización, y de Iván Ríos, del estado mayor de la guerrilla colombiana.

Gracias a un soplo del agregado militar de la embajada colombiana en Quito, el periodista pudo reconstruir la crónica de la boda de ciento cincuenta invitados vestidos de etiqueta en agosto de 2004. Describió, por ejemplo, la carencia de coordinación entre las policías de Ecuador y Colombia para arrestar a los dirigentes guerrilleros a su aterrizaje en el aeropuerto Mariscal Sucre. Al llegar el avión procedente del norte, un comando especial de la policía la emprendió contra unos sospechosos que al final portaban identificación del Departamento Administrativo de Seguridad colombiano, DAS. En medio de la confusión, arribaron los subversivos y pudieron pasar sin problemas los controles migratorios y asistir al matrimonio de la periodista Mónica Granda Restrepo con un ejecutivo petrolero ecuatoriano, cuyo nombre no fue revelado por las autoridades locales.

Para comprobar la asistencia de los líderes subversivos al acto religioso en una iglesia gótica, Pérez llamó al hotel donde se había hospedado la recién casada y se hizo pasar por un ejecutivo de atención al cliente.

—Señora, la llamamos para ver si se ha sentido bien, si ha tenido algún problema.

—No, todo muy bien —respondió la nueva esposa.

—¿Y cómo se ha sentido su papá acá?

—*Súper.*

Los detalles del matrimonio salieron en *Blanco y Negro*. Desde esa época, el periódico marcó su oposición radical al régimen del ex coronel, más allá del descenso de la pauta oficial como represalia, situación que también sufrieron otros medios como *El Comercio*, que ya había empezado a denunciar los nexos entre Gutiérrez y el detenido por narcotráfico, César Fernández.

Al cabo de un año de investigaciones, Pérez publicó ese famoso editorial que le costó un atentado mañanero, el 25 de enero de 2005, justo antes de asistir a impartir clases en la universidad de Las Américas de Quito. Estacionó su auto en un hospital cercano, como marcaba la rutina, caminó con sus papeles en la mano hasta que dos hombres trigueños lo acorralaron, le pusieron un arma en la cabeza y le gritaron: "¡Hijueputa, deja de escribir pendejadas!".

Los dos jóvenes salieron corriendo. Pérez siguió su camino. Le temblaban las piernas. Llamó al director de *Hoy*, a quien le dicen 'El Gringo', y le avisó del suceso.

Entró al centro de estudios y dictó unas clases prácticas, casi sin entender lo que había pasado. No les contó nada a sus alumnos.

Días más tarde, el propio Rodrigo Granda, desde su reclusión en la cárcel de Cómbita, en el centro de Colombia, reconoció, por medio de su abogado, en la revista *Cambio*, sus encuentros electorales con Lucio. Así como también lo hizo el ex ministro y hombre cercano al ex presidente, Patricio Acosta, quien al abandonar el Gobierno reveló estos asuntos calificados de secretos.

Se notó el cambio editorial de *Hoy* y de *El Comercio* después de la clausura de la Corte Suprema en diciembre de 2004. Un detalle elocuente de ambos diarios fue la publicación regular de unos recuadros que contaban los días sin el máximo órgano de justicia, es decir, sin uno de los poderes del Estado. La Facultad Latinoamericana de Ciencias Sociales estudió este fenómeno y concluyó que en especial *El Comercio* había abonado el terreno para provocar un clima adverso al mandatario. En las secciones de humor político, las cartas del lector y las investigaciones escandalosas se propició el desgaste mediático del gobernante. Como pocas veces lo ha hecho en su historia, este mismo diario remató su ofensiva con un editorial en el que a nombre de la sociedad quiteña llamó a Gutiérrez a respetar las instituciones de la democracia.

Sin embargo, casi todos los medios de comunicación, encabezados por la televisión, reaccionaron tarde a la rebelión de los "forajidos". Unos, porque no dimensionaron la fuerza del fenómeno callejero que ocurría en Quito. Otros, simplemente, porque quisieron bajarle el tono a unos actos que, más que protestas, parecían celebraciones de un partido de fútbol.

El escape en helicóptero

Lucio tampoco escuchó las protestas. Ese viernes 15 de abril de 2005, luego de soportar dos noches de alboroto sin mover un dedo, el Presidente sacó las tropas del orden a las calles para hacer cumplir el decreto de estado de excepción. Al parecer, la cadena nacional en la que anunció las medidas de urgencia no tuvo eco entre los "forajidos", porque se repitió el efecto de las cacerolas vacías y del reventón, que se extendió de Quito a otras ciudades del país.

Sin cabezas visibles, sin un partido que liderara el movimiento opositor, las manifestaciones eran espontáneas. En algo ayudaba 'Paco' Velasco de *La Luna*, que se convirtió en el vocero de los "forajidos", ya que todo el fin de semana siguieron con las consignas: "Fuera Lucio", "fuera todos los políticos".

El sábado 16, Velasco concertó con sus oyentes hacer el "rollazo", que consistía en llenar de papel higiénico las calles para limpiar las "cagadas" del Gobierno. La agitación de las masas era cada vez mayor después de que Gutiérrez limitara los derechos civiles y estableciera como zona de seguridad el centro de la capital. Apenas el fin de semana anterior los periódicos le habían dado un amplio despliegue a esta ola de protestas. Intuían a lo mejor que en los dos días siguientes, lunes y martes, los "forajidos" tomarían en serio su rol y avanzarían hasta llegar al palacio Carondelet, en el corazón de Quito. "Despacio, despacio, vamos a Palacio", se empezaba a escuchar en la avenida Shyris.

En *El Comercio* pasó algo curioso. La sección política, a cargo del editor Martín Pallares, no asumió la cobertura informativa de estos sucesos como dictaba la rutina histórica del matutino, sino que le tocó a Arturo Torres, el editor judicial que destapó el nexo de Lucio con el empresario de Manabí. Desde su sección, acostumbrada a las fuentes encubiertas, se hizo el cubrimiento de los hechos, y se mostró distante del fenómeno callejero. Tanto Pallares como Torres reconocerían meses después que su medio escrito reaccionó tarde frente a la rebelión popular y que no escuchó el clamor ciudadano de esos días. Por algo, luego de un análisis profundo de las directivas, quedó establecido un gran cambio editorial para 2006, con más espacio en las secciones para la opinión de los lectores.

El error informativo de minimizar a los "forajidos" también ocurrió en otros medios, en especial en los televisivos. Mientras el sitio web de *La Luna* registraba más de cuatrocientas setenta mil visitas diarias, los canales de televisión se preocupaban por otros menesteres más apegados al *rating*. El historiador Pedro Saad lo describió muy bien en su libro *La caída de Lucio*:

Martes 19 de abril. 8:45 p. m. Ausente durante casi todo el proceso, el silencio de la televisión nunca fue más flagrante que esa noche. A la hora de los cruentos combates en las calles de la capital —y mientras la cadena internacional *CNN* transmitía los sucesos de Quito—, los canales ecuatorianos tenían al aire los siguientes programas:

Gamavisión: una novela
Cablenoticias: una entrevista, no política
Teleamazonas: la elección del Papa
Telesistema: una novela
Telerama: un programa cultural
Cabledeportes: comentarios deportivos
Ecuavisa: una película
Telecentro: una novela
Canal 1: fútbol

'Paco' no ayudaba a hacerle propaganda a los canales. "Miren, voy a poner el micrófono en el *Canal 2,* en el *Canal 8,* para que vean qué es lo que están pasando", decía al aire el locutor de *La Luna.*

La noche del martes 19 de abril, Quito estaba convulsionada por unas cien mil personas que gritaban en las calles. Desesperado, el Gobierno sacó a todos sus hombres para detener la avalancha de los "forajidos". Los agentes del orden lanzaron unas tres mil bombas lacrimógenas, según datos de *El Comercio,* que tuvieron como desenlace la muerte por asfixia del reportero gráfico chileno Julio García. El fotógrafo, un exiliado de los primeros tiempos de Pinochet, que trabajaba para medios escritos populares, se convirtió en el primer mártir de la revuelta. Los "forajidos" no durmieron esa noche y su rebelión se prolongó hasta la mañana del miércoles 20, cuando se tomaron las vías céntricas de la capital. El Presidente intentó movilizar a sus partidarios de provincia en buses para proteger la casa de gobierno, pero fueron detenidos en varias troncales de acceso a la ciudad. Radio *La Luna* sirvió para ese propósito. Desde distintos sectores de Quito los "periodistas – ciudadanos" llamaban al informativo radial y acusaban la presencia de estos vehículos para que fueran interceptados y no los dejaran llegar a su destino.

Así que Lucio sólo tenía la protección de las fuerzas policiales, más la presencia de grupos militares de elite, que rodeaban el palacio con cercas de alambre. *La Luna* y los medios internacionales mostraban los desórdenes céntricos y preveían que en cualquier momento Lucio abandonaría el poder.

A las diez y treinta y ocho de la mañana, la embajadora de Estados Unidos, Kristie Kenney, entró a las dependencias del Gobierno para intentar solucionar la crisis política, pero su labor fue en vano. Por todos los medios posibles, el coronel retirado no quería mostrar nerviosismo ni entregar el mando, y por eso concedió una entrevista a la *BBC* de Londres, en la que dejó en claro que no renunciaría.

La situación se tornó caótica. Un grupo de 52 legisladores se concentró en el edificio del Centro Internacional de Estudios Superiores de Comunicación para América Latina (Ciespal) para buscar alguna herramienta jurídica que sujetara la estabilidad del país. La solución fue dictaminada a la una y media de la tarde, cuando se aprobó por sesenta votos un acta en la que se cesaba del cargo al actual mandatario "por abandono de su función". Y estando vacante el puesto, se nombraba al Vicepresidente, Alfredo Palacio, como el nuevo Presidente de Ecuador.

Desde la casa de gobierno salieron varias camionetas todoterreno, pero se alcanzó a distinguir que Lucio no iba en la caravana. Todavía permanecía en su oficina. Cuando la plaza de la Independencia había sido tomada por los "forajidos", se pudo ver cómo un helicóptero militar se posaba en el recinto presidencial y rescataba al mandatario para conducirlo al aeropuerto. Se repetía la imagen del ex gobernante argentino Fernando De la Rúa, quien también, luego de los disturbios callejeros, tuvo que ser rescatado en un aparato con hélices.

Los protestantes quiteños se dirigieron hacia dos puntos luego del mediodía. Unos fueron hasta el campo aéreo mariscal Sucre para impedir el despegue del avión que llevaba en calidad de refugiado a Lucio hasta Brasil. Y otros, enterados de lo que se estaba cocinando en Ciespal, se trasladaron a la entrada del edificio donde funcionaba el Congreso de forma provisional.

Ya no gritaban "fuera Lucio". La consigna era contra toda la clase política: "Fuera todos". La multitud pedía una asamblea constituyente, en medio de un caos popular que se transformó en desmanes incontrolables. De un momento a otro, centenares de manifestantes se apoderaron del recinto, y muchos de los congresistas temieron por sus vidas. El nuevo Presidente también se mostró nervioso, y decidió buscar a 'Paco' Velasco.

De improviso, entró una llamada al estudio radiofónico. Contestó uno de los colaboradores, quien le hizo un gesto de urgencia con las manos al locutor. Se trataba de una comunicación muy importante. "Señor Velasco", dijo el nuevo mandatario, "estoy aquí atrapado en el sótano de Ciespal, estoy prácticamente secuestrado, y entiendo que no son los 'forajidos'".

El hombre de radio escuchaba la voz de Palacio al aire. Su parlamento revelaba que, aunque había pedido la ayuda del Comando Conjunto de las Fuerzas Armadas para su rescate, sólo había llegado un coronel a apoyarlo.

—Señor Presidente —interrumpió Velasco—. Usted es el Presidente constitucional, y tiene que cumplirse la institucionalidad democrática. Tiene que llamar de inmediato a las Fuerzas Armadas.

—¿Qué puede hacer usted, señor Velasco?; estoy atrapado —proseguía el recién nombrado sucesor de Gutiérrez.

Colgó. Tras la conversación, el vocero de los "forajidos" quedó preocupado. Hizo un llamado urgente para que los protestantes abandonaran los alrededores del recinto. Alfredo Palacio llevaba más de cinco horas de retención en ese edificio y, por medio de un disfraz, pudo salir de Ciespal y asumir las riendas de la Nación en el palacio Carondelet.

Desde ese momento, Ecuador se calmó y ha mirado hacia adelante. Alfredo Palacio, con un frágil apoyo político de diversos sectores, se las ha arreglado para gobernar sin muchos sobresaltos. Los medios también ayudaron a que la estabilidad aterrizara en Quito, a pesar de que el nuevo gobernante fue el segundo a bordo en la administración de Gutiérrez y de que los periódicos que investigaron a fondo los manejos del ex mandatario todavía guardan casos en los que Palacio resulta involucrado.

Lucio tampoco se quedó tranquilo en el exilio. De estar en calidad de refugiado en tierras brasileñas, aterrizó en las alturas de Bogotá, en septiembre de 2005, luego de pedir asilo político al Gobierno de Álvaro Uribe. Su política diplomática a favor de combatir el terrorismo era un antecedente de peso para reclamar la solidaridad colombiana. Pero a los pocos días de recibir el beneficio de parte de la Casa de Nariño, el ex gobernante no aguantó las ganas de regresar a su país, tal como lo intentaría semanas después el ex presidente peruano Alberto Fujimori desde Santiago de Chile.

Apenas pisó Quito, el viernes 14 de octubre de 2005, las autoridades judiciales lo mandaron a una celda en la cárcel pública de la capital por atentar contra la seguridad nacional, sin escuchar su retórica que acusaba al nuevo Gobierno de falta de legitimidad y de complicidad con los militares para planear el "golpe de Estado" en su contra.

Sin embargo, al cierre de este libro Lucio Gutiérrez había recuperado su libertad entre anuncios personales que lo situaban, de nuevo, como futuro candidato a la presidencia de su país.

260